本书资助基金项目为：2023 年甘肃省高等学校教师创新基金项目

项目编号：2023A-133

项目名称："互联网 + 教育"背景下地方高校思政教育与大学英语教学融合创新模式研究

高等院校英语课程思政教学理论与实践研究

陈艳玲 ◎ 著

中国书籍出版社
China Book Press

图书在版编目（CIP）数据

高等院校英语课程思政教学理论与实践研究 / 陈艳玲著 . -- 北京 : 中国书籍出版社 , 2024.3

ISBN 978-7-5068-9807-2

Ⅰ . ①高… Ⅱ . ①陈… Ⅲ . ①英语－教学研究－高等学校②高等学校－思想政治教育－教学研究－中国 Ⅳ . ① H319.3 ② G641

中国国家版本馆 CIP 数据核字 (2024) 第 045638 号

高等院校英语课程思政教学理论与实践研究

陈艳玲　著

图书策划　成晓春
责任编辑　毕　磊
封面设计　博健文化
责任印制　孙马飞　马　芝
出版发行　中国书籍出版社
地　　址　北京市丰台区三路居路 97 号（邮编：100073）
电　　话　（010）52257143（总编室）（010）52257140（发行部）
电子邮箱　eo@chinabp. com. cn
经　　销　全国新华书店
印　　刷　天津和萱印刷有限公司
开　　本　710 毫米 ×1000 毫米　1/16
字　　数　210 千字
印　　张　11.75
版　　次　2024 年 8 月第 1 版
印　　次　2024 年 8 月第 1 次印刷
书　　号　ISBN 978-7-5068-9807-2
定　　价　76.00 元

前言

英语课程思政教学的出现，适应了时代发展和高等教育改革的需要，也是推进教育教学改革的必然结果。随着社会的发展，学生的思想观念和价值观越来越多元化，高校英语教育也需要注重学生的思想政治教育，帮助学生树立正确的世界观、人生观和价值观，提高他们的社会责任感和创新能力，英语课程思政教学正是在这样的背景下应运而生的。英语课程思政教学是指在英语教学过程中，将思想政治教育与英语教学相结合，通过教学内容、教学方法和教学形式等方面的设计和实施，引导学生树立正确的世界观、人生观和价值观，培养学生的爱国主义精神、社会责任感和创新能力。

随着中国特色社会主义事业的不断发展和高等教育的深入改革，高校英语教育也在不断发展和完善。在这一过程中，英语课程思政教学作为一种新型的教学模式，逐渐受到了社会各界的广泛关注和重视，国内外对于英语课程思政教学的研究和探索正在不断深入。在国内，教育部和各大高校也相继出台了相关政策和措施，推动英语课程思政教学的发展和实施。基于此，本书紧紧围绕高等院校英语课程思政教学理论与实践展开论述。

本书共六章，第一章为课程思政概述，包括四方面内容，分别是课程思政的内涵与特征、思政课程与课程思政的关系、课程思政建设的原则、任务与标准、课程思政的理论基础与意义；第二章为高等院校英语课程思政教学概述，包括三方面内容，分别是高等院校“大学英语”课程向“课程思政”拓展、高等院校英语课程思政教学必要性，高等院校英语教师课程思政教学能力建设；第三章介绍高等院校英语课程思政教学模式，包括三方面内容，依次是高等院校英语课程思政混合式教学模式、高等院校英语课程思政多模态教学模式、高等院校英语课程思政翻转课堂教学模式；第四章为高等院校英语课程思政教学体系建设探讨，包括三方面内容，依次是高等院校英语课程思政教学体系构建、高等院校英语课程体系与全人教育、高等院校英语课程思政教学评价体系构建；第五章主要探究高等院校英语课程思政实现路径和保障机制，主要包括两方面内容，分别是高等院校英语课程思政的实现路径、高等院校英语课程思政的保障机制；第六章主要探究高等院校英语课程思政教学实践，主要包括三方面内容，依次是高等院校英语课程思政教学现状、高等院校英语课程思政教学内容改革、高等院校英语课程思政教学评价改革。

在撰写本书的过程中，作者得到了许多专家学者的帮助和指导，参考了大量的学术文献，在此表示真诚的感谢。本书内容系统全面，论述条理清晰、深入浅出，但由于作者水平有限，书中难免会有疏漏之处，希望广大同行及时指正。

陈艳玲

2023 年 6 月

目录

第一章 课程思政概述

本章为课程思政概述，包括四方面内容，分别是课程思政的内涵与特征，思政课程与课程思政的关系，课程思政建设的原则、任务与标准，课程思政的理论基础与意义。

第一节 课程思政的内涵与特征

一、课程思政的内涵

（一）课程思政的提出

2017年12月，中共教育部党组发布了《高校思想政治工作质量提升工程实施纲要》，纲要中提出了“大力推动以‘课程思政’为目标的课堂教学改革”，其中具体实施目标为开展课程思政。在行为性质上，课程思政是高校课堂教学改革的一种行为。“课程思政”旨在培养符合国情、具备全球视野和人文情怀的高素质人才。因此，可以说课程思政与传统的“大学生思想政治教育”有所不同，它是将教学与育人并重的一种教育形式，是属于教学范畴的行为。

2020版的《高等学校课程思政建设指导纲要》明确指出，要积极在全国各高校以及各个学科领域中推进课程思政建设，挖掘每门课程中蕴含的思政资源，使思想政治教育贯穿于课程教学的各个方面，实现全方位、全过程的思想政治教育。这个行动的目的是专注于实现“培养德才兼备的人才”的目标，培养学生成为习近平新时代中国特色社会主义的建设者和接班人。

在目前的教育教学活动中，课程思政理念与“立德树人”“技能教育”等先进教育思想紧密结合，并成为实现教育教学目标的重要方法。

（二）课程思政的概念

针对高校立德树人的根本任务，我们需要以马克思主义理论和方法为指导，对政策来源依据、社会需求以及时代背景进行深入分析。此外，我们还需要考虑立德树人的内涵和社会主义接班人的培养目标，以此为基础明确我们的政治方向。在此基础上，我们必须准确把握课程思政在新时期的特定本质内涵。

根据上述政策文本及社会背景分析得出的结论，我们可以将课程思政的概念界定为：高校在传授学科专业知识的同时，积极开展以中国共产党领导为核心的政治认同教育，以实现立德树人的根本任务和培养社会主义建设者和接班人的目标，从而构建一个与思想政治理论课程相呼应的教育环境。

在课程思政中，通过多种课程和思政理论课程的有机结合，构建全员、全课程、全过程的学生教育，以“立德树人”为核心任务，实现协同作用的综合教育。与思政课程相比，课程思政在外延和内涵都得到了进一步的拓展和深化。思政课程旨在通过传授思想政治基础理论，帮助学生形成正确的世界观、历史观和人生价值观。除了思政课的教师之外，高校的其他教师、管理人员和相关工作人员也属于课程思政的覆盖范围。这些人需要在其他课程、管理和日常工作中充分发挥教育引导的作用，这有助于课程思政的更有效实施。就内涵而言，课程思政的内容十分丰富。除了传统的“三观”教育之外，还需要将最新的中国特色社会主义理论成果引入校园和教室，并及时向学生传达有关的时事政策，以提高他们的综合素质。按照习近平总书记的要求，教育的理念应该实现“八个统一”原则。在教育中，需要将教学活动融入生活实践中，推进教学方法的现代化，不断拓展教学的形式和途径。

（三）课程思政的科学内涵

课程思政作为我国高等教育改革和发展的一项具体政策，其背后的社会背景是非常特殊的。因此，为了全面地理解课程思政的意义和内涵，不仅需要遵循相关政策文件，而且还需要充分考虑当前的社会和时代背景，同时结合政策的要求和背景，更加深入和全面地理解课程思政的本质和内涵。

1. 课程思政的“思政”目标是坚持正确政治方向

课程思政教学改革主要服务于高等教育立德树人这一根本任务，上文已经通过政策文本分析得出立德树人所树立的“人”是社会主义建设者和接班人。而“接班人”在新时代所应秉持的“德”则需要我们通过对课程思政提出的特定社会背景和时代背景的分析来把握。

习近平总书记在2018年指出的“明大德、守公德、严私德”[①]，将“德”分成三个层次：大德是关于国家发展稳定的德，公德是关于社会和谐发展的德，私德是关于公民个人道德品行的德。教育立“大德”是中国共产党的优良传统。

在国际竞争越发激烈、全球范围内的人才流动呈扩大趋势的今天，仅依靠“公德”和“私德”教育，我国难以在国与国之间的人才竞争中争取到、挽留住有用人才，这也是新时期提出高等教育“为谁培养人”这一命题的原因。高等教育立德树人根本任务所指的“德”，不应仅仅体现为传统意义上的社会道德、个人品德，而是要“明大德、守公德、严私德”[②]。大德在先，明大德是守公德和严私德的前提条件。高校有责任自觉承担起实现中国伟大复兴的使命，结合国内外形势，重视德育教育，抓牢大德的基础方向和关键地位，致力于培养思想坚定、信仰坚定且深刻认同中国特色社会主义道路和党的路线、方针、政策的杰出社会主义建设者和接班人。课程思政应该承担完成这项重要任务的责任，教师在教学过程中应该将道德价值观与相关知识点相结合，将“大德”作为“公德”和“私德”的核心，坚守将“大德”作为“公德”和“私德”的统帅，认识到课程思政道德教育的政治导向是拥护社会主义道路，支持社会主义建设。

2. 课程思政的“思政”内容是马克思主义基本理论

课程思政注重教育学生学习社会主义政治和中国政治，重点涉及马克思主义国家观、民族观、历史观和文化观等方面，而不是涉及其他任何主义和制度的“政治”教育。高校应该将课程思政教学作为重要的方式，借助思政教育的力量，使学生在国家观、民族观、历史观、文化观等方面拥有正确的认识，从而占领高校意识形态教育主阵地。

3. 课程思政的“思政”任务是培养拥护党领导的有用人才

习近平总书记在全国教育大会上指出，我国是中国共产党领导的社会主义国家，这就决定了我们的教育必须把培养社会主义建设者和接班人作为根本任务，

① 求是网 .【十九大·理论新视野】领导干部要立政德 [EB/OL].（2018-03-21）[2023-09-06]. http://www.china.com.cn/opinion/theory/2018-03/21/content_50731870.htm.

② 习近平总书记两会金句 [J]. 创造，2018（03）：6.

培养一代又一代拥护中国共产党领导和我国社会主义制度、立志为中国特色社会主义奋斗终身的有用人才。[①]我们从习近平总书记关于高等教育人才培养的这一重要论述可以得出：实现培养社会主义建设者和接班人根本任务的第一要求就是拥护中国共产党的领导。中国共产党的领导是中国特色社会主义的最本质特征，没有共产党，就没有新中国。中华民族要实现复兴，离不开共产党的稳定领导和坚强支持。中国共产党始终能够在关键时刻准确把握历史的发展趋势和时代潮流，坚持站在时代的最前沿，并与人民群众紧密合作，不断努力为实现国家的繁荣而奋斗。为了保障社会和谐稳定，中国需要一支强大的政治组织。历史和人民群众的选择让中国共产党成为执政党，这使得党的地位合法且符合时代需要。因此，课程思政的主要目的是加强大学生对政治的认识，特别是加强他们对政党的认知，以培养他们成为中国共产党执政的坚定拥护者。

二、课程思政的主要特征

课程思政不是课程与思政的简单相加，而是通过挖掘和整合课程中蕴含的思想政治资源，将其融入教学过程中，实现二者的水乳交融，润物无声地进行思想政治教育。这种教育行为具有潜隐性、融合性和整体性三大特征。

（一）潜隐性

课程思政是一种隐性思想政治教育。隐性思想政治教育是指在社会实践活动中进行的一种思想政治教育，它不是专门的教育活动，且不受受教育者的关注，而是潜移默化地发挥影响作用。课程思政的潜隐性教育特征普遍不够明显，这主要体现在两个方面。

一方面，思政元素和思政资源没有明显的展示，而是隐含在相关专业课程、通识课程以及实践课程教材和教学内容中。一些学者提出，社会科学等其他学科中，尤其是以哲学社会科学为主的课程中，存在着很多思政元素，并且这些元素已经融入了课程中。专业课和通识课程的授课内容涵盖了专业技能和通识修养等方面，其中所传授的学科知识是显性的，然而它们还潜在地、无形地、隐性地蕴

① 习近平在全国教育大会强调：坚持中国特色社会主义教育发展道路 培养德智体美劳全面发展的社会主义建设者和接班人 [N]. 人民日报，2018-9-11.

含着丰富的思想政治教育资源。由此可见，专业知识和通识知识中隐藏着潜在的思政元素，教师要主动梳理出来，并在讲授学科知识的过程中潜移默化地传授给学生。

另一方面，学科任课教师采用的教学方法是细致而不显眼的。在协同育人的思想政治素质的课程思政和思政课程中，所有专业教师都应主动探究所教授课程中的思想政治要素和资源，为大学生提供思政教育。需要特别注意的是，教师应该如何利用这些思政资源来进行教学，以便达到最佳效果。高校的各学科教师在传授专业课、实践课和通识课时，往往使用显性的教学方式。然而，在课程中注入思政元素时，教师应该采用隐性的教学方法。授课教师精心地使用隐性的教学方式，可以使得学生在无意识的情况下接受教育。教师将课程中的政治、道德、思想等思政要素融入教学内容中，以达到隐性教育的效果。在大学生学习专业知识和通识知识的过程中，教师进行的隐性的思想政治教育对他们的影响更为显著。这样的教育可以引发大学生的情感共鸣，帮助他们更好地将所学的思政教育内容融入自己内心的理念和信仰中，最终实现外化于行。

（二）融合性

融合性是课程思政的一个关键特点。在课程思政中，知识传授与价值引领相结合，表现为一种集成性的教学形式。思政元素和思政教育资源被融入各种课程之中，与它们的知识和内容息息相关，相互依存，具有一致性，形成一种相互联系、不可分割的整体。因此，教师在教授相关学科知识时，应注重引导学生感受课程所体现的价值并理解其含义。文史类学科的学习与思政课的教学内容相融合，能更好地彰显出人文精神、人文素养、审美情操等思政元素，进而引导学生以马克思主义的视角看待问题，以马克思主义的方法解决实际矛盾，为大学生树立正确的世界观、人生观和价值观提供有益帮助。虽然理工类专业和思政课的内容略有区别，但它们都蕴含着科学精神、探索精神、创新精神和严谨求实精神，这些与思政课的思想政治教育相互呼应，相得益彰。我们要将思政元素与学科知识融合，使学科知识更加全面丰富并具有价值导向。同时，思想政治教育通过整合学科知识，可以使得其效果更加深入和有力。当课程思政以价值引领和知识传授的相互促进为基础时，可以实现出色的育人效果。

课程思政的融合性也体现在各类课程在教学目标、教学过程和教学方法上的融合。在教学目标方面，各类课程的教学都统筹考虑大学生的需求、社会现实的需求以及学科内外逻辑需求等，其最终教学目标都指向实现道德认知、道德情感、道德意志、道德信念、道德行为的有机统一。教学过程中，各课程都注重综合培养学生，既要传授知识，又要引领思想和价值观念，旨在培养出德智体全面发展、具备社会主义建设者和接班人素养的优秀人才。为了实现课程思政，不同课程应采用经过改进、有机融合的教学方法，以提高课程的教育价值。各课程性质不同，可以进行思政教育的教学方法也不同，无论是“大水漫灌”，还是因材施教的“滴灌”；无论是规范严谨的陈述，还是引导启发式的演绎。我们只有有机融合这些教学方法，并将其应用到实际教学中，才能取得更好的思政育人效果。

（三）整体性

相对于思政课对大学生进行的点、线式的思想政治教育，课程思政体现的是一种整体的课程观念，强调全方面、全局、全过程对大学生进行思想政治教育，具有显著的整体性特征。以前，高校由于没有整合各方面教育力量，几乎只有思政课承担对大学生进行思想政治教育的重任，这很容易形成思政课单兵作战的孤立局面。如今，课程思政教学理念的推广有利于缓解这种现实困境。根据心理学家提出的生态系统论，人类是一种生活在环境系统中的存在，与环境息息相关并受到环境的影响，这种影响对于人类的成长和发展有重要作用。为了让思政课发挥最大的育人作用，我们需要运用系统思维，尽力实现整体协同发展。对此，我们需要调动社会、高校、家庭等各方资源，让高校各学科、各部门，以及校内外各方面的力量共同配合，共同推进思政课的教学工作。

课程思政的整体性，一方面为不同教学主体协力合作，作为一个整体发挥育人作用。课程思政教学理念要求各类课程的任课教师进行隐性的、渗透性的思想政治教育，与思政课教师同向同行，帮助大学生健康成长成才。虽然各学科老师所教授的知识不尽相同，但他们能够携手合作，共同实现教育立德树人的目标。各学科的教师会以各自独特的方式，潜移默化地开展思想政治教育，从而与思政课教师协作，一起为培养学生成为合格的社会主义建设者和接班人而努力。这种协作是整体性的，对学生的成长和发展具有积极影响。另一方面为高校的思政资源和思政元素在必修或选修的通识课程、实践课程以及专业课程中的协同作用，以形成一个有益于学生综合成长的育人体系。除了思政课，其他各类课程也具备思想政治教育资源，虽然没有思政课那么明显地表现出政治性和意识形态性，但这些课程有助于大学生建立正确的世界观、人生观和价值观，培养解决问题的能力和方法，同时加强思想政治教育。因此，高校应将通识课和专业课结合起来，共同发掘育人资源，并相互配合，辅助思政课的育人工作，以达到立德树人的根本任务。"课程思政"是一种综合性的课程观念体系，它涉及多个教学主体的引导和多种思政教育资源的挖掘。其目标是坚持与以往点、线式的思政课程保持一致的育人方向，集思想政治教育之大成，从而实现立德树人的根本任务。

第二节　思政课程与课程思政的关系

"思政课程"即思想政治理论课，旨在使用新时代中国特色社会主义思想，培养学生的灵魂，实现立德树人的根本任务。它指导学生树立"四个自信"，"把爱国情、强国志、报国行自觉融入坚持和发展中国特色社会主义事业、建设社会主义文化强国、实现中华民族伟大复兴的奋斗之中"。在教育教学中，除了专门的思想政治理论课程，还有一些其他课程，这些课程也应当承担思政教育的责任。除了专业知识，这些课程还要融入社会主义核心价值观的内容，以引导学生树立正确的世界观、人生观和价值观，帮助他们思想上更好地认同和践行社会主义核心价值观，使思想政治教育贯穿于教育教学的全过程、全方位。

一、课程思政与思政课程的区别

（一）学科归属与内容要求不同

与思想政治理论课相比，课程思政的研究领域更广泛，内容更为充实丰富。它不仅包括自然科学、人文科学，还包括社会科学领域。尽管思想政治理论课可能涉及部分与其他各类学科课程相似的内容，但两者属于不同的学科范畴。

思想政治理论课属于马克思主义研究领域，并具有明显的显性教育特征，属于针对学生思想意识进行的显性思想教育。我国高校的思想政治理论课是属于德育范畴，是相对于智育和体育而言的，是培养德智体美全面发展人才的需要，而且主要是培养学生思想政治道德素质的需要。与思想政治教育相比，课程思政的学科课程更注重培养学生应用型的专业知识和技能，以智育教育为主。与思想政治教育不同的是，课程思政对于学生价值观的培养往往是通过隐性思想教育来实现的。这两者在学科分类上有所不同。除此之外，它们的教学内容要求也不完全相同。中央统一规定了高校思想政治理论课的教学内容和要求，该课程不分专业、年级和班级，是必修课程。每一位大学生都应该学习思想政治理论课程，并在其中汲取营养和领悟其思想内涵。这门课程旨在帮助学生领会社会主义核心价值体系，提高他们积极关注各种国家和社会热点时事的意识。各门学科的教育大纲和教材内容的规划与不同地区的经济和教育状况，以及学校类型等诸多因素有一定的关联，这导致同一学科课程存在多个教材版本，教材的选取和内容要求也存在些许差异。举例来说，针对化学科目，高校有多种不同版本的教材，比如人教版、上海教育版、湘教版等；就物理学科来说，教材有教科版、苏科版、沪科版；就《大学英语》这一学科而言，教材版本页分为外研版、新人版、牛津版等。由此可知，课程思政与思想政治教育理论课在教学大纲设计、授课内容安排和学习要求方面存在一定的不同。相比思想政治教育理论课，课程思政更具有灵活性，并且在选修课方面能够更好地满足学生需求，扩大学生的选择范围。因而，这两者在教学内容的规划和学习要求方面存在不同之处。

（二）课程地位与功能不同

在我国革命时期、改革开放时期和现代化建设的时期，思想政治教育一直扮演着关键的角色，发挥着重要的作用。“这种地位和功能，由思想政治教育的本质所决定，体现为思想政治教育在我们党和国家建设事业的各个方面所发挥的具体而现实的作用。”课程思政和思政课程的区别在于，高校将思想政治理论课程作为实现立德树人的关键途径之一，并将其视为高校育人工作的主渠道和主阵地，在高校的思想政治教育中发挥着重要作用。在高等教育中，课程思政涉及的学科课程主要强调学生的智力发展，并注重培养学生的专业知识和专业技能，在育人环节中处于“一段渠”“责任田”地位。课程思政和思政课程在功能上有所不同：思政课程教育教学的功能主要是负责传播马克思主义理论和中国共产党的创新理论，通过传授学生科学理论知识，激发学生的理想信念，增强学生的“四个自信”，引导学生建立正确的世界观、人生观、价值观，培养学生的爱国情怀和道德品质，为培养心理健康、品德优良的社会主义接班人奠定了扎实的基础。思政课程的教育教学的功能，主要体现的是立德与育人的特征要求。课程思政的主要功能，则是通过系统的、专业的知识和技能的教育来提升学生的素质，让学生能够自觉地为坚持和发展中国特色社会主义事业、建设现代化强国、实现中华民族伟大复兴的奋斗目标而作出贡献，其功能主要体现在树人与育才的特征要求上。

在高校教育事业发展过程中，不仅需要充分利用思想政治课程作为“主渠道、主阵地”的作用，有效地融合课程思政的“一段渠”“责任田”作用，还要明确分清两种教育教学功能的异同，以明确课程思政的真正目的。换句话说，课程思政的目的并非将所有课程都转变为纯粹的思想政治课程，而是将知识传授与价值引领相结合，实现教书与育人相统一。

二、课程思政与思政课程的联系

（一）课程思政与思政课程在育人方向上同向

所谓同向，是指课程思政与思政课程的育人方向一致，二者在教书与育人的过程中，所前进的道路方向与努力的目标方向是一致的。

1. 指导方向的同向

课程思政与思政课程同向，指两者在指导方向上保持一致。自中华人民共和国成立以来，尽管时代在发展变化，但我们党的领导人始终坚定不移地强调在中国社会发展中，马克思主义的重要指导地位不能动摇。我们必须根据我国的实际国情，不断发展马克思主义中国化理论，并深化其实践意义，以丰富我们的马克思主义理论成果。坚持马克思主义理论的指导思想，是建设课程思政与思政课程协同育人格局的基础。在我国社会的全面发展中，马克思主义理论具有极为重要的地位和作用。此外，我国主要采用以课堂教学为主的方式进行教育，这是我们培养人才主要的形式与途径。“思想政治理论课作为高校所有专业学生的公共必修课，是对大学生进行思想政治教育的主渠道，承担着树立高校马克思主义理论价值标杆的重要职责。”除了肩负不同的职责和目标外，其他课程也肩负了培养学生成才和实现使命的责任。在教学实践过程中，我们不仅要注重将知识有效地传授给学生，还需重视对学生思想和价值观的培养。我们必须自觉地以马克思主义的基本观点、立场和方法为指导原则，来进行教学实践。

2. 人才培育方向的同向

课程思政和思政课程同向，指在人才培育方向上保持一致。“知识就是力量，人才就是未来。”我国高等教育强调以人为本，倡导培养学生德智体美的全面发展的教育理念。从思想政治理论课到其他各类专业课，它们都一直注重培养人才的导向。课程思政和思政课程在人才培育方向上保持一致的共同目标在于以“立德树人”为核心理念，致力于培养社会主义的合格建设者和接班人。课程思政与思政课程的育人方向一致，核心在于回答“培养什么人”和“为谁服务”的问题。当前，中国正处于中国特色社会主义新时代，在培养人才方面，必须紧跟时代发展和变革的步伐，促进新时代社会主义事业新生力量的成长，以期为中国特色社会主义建设注入新的活力和力量。坚持育人方向一致，是为了坚持新时代中国特色社会主义道路服务的，增强道路自信；是为了增强理解和发展新时代中国特色社会主义理论服务的，增强理论自信；是为了增强理解和发展中国特色社会主义制度服务的，增强制度自信；是为了增强理解和发展中国特色社会主义文化服务的，增强文化自信。在尊重“立德树人”原则的基础上，课程思政和思政课程实现“以文育人、以文化人”的全课程育人格局。

（二）课程思政与思政课程在育人道路上同行

“同行”指的是课程思政和思政课程在共同的理念基础上合作，旨在共同培养中国特色社会主义建设者和接班人，合力培育德智体美新全面发展的新时代人才，并保持一致的行动。

课程思政和思政课程在教育道路上相伴而行，主要表现在以下几个方面。

第一，课程思政与思政课程坚持一致的育人方向和育人目标，即在引导学生的发展方向、塑造学生的品格和指导学生的成长方面，课程思政与思政课程保持一致，强调德育与知育的并重。高校除了专注于传授给学生专业知识外，开展通识课程时，还应该充分利用通识教育课程中丰富的文化背景。这样有助于大学生在思想政治教育方面打好基础，并为相关学科提供支持。高校教育的使命之一是通过所有课程的教学来进行思想教育和价值观教育，加强德育教育，旨在提高学生的思想道德素养和社会意识形态意识。其他各类课程除了承担专业知识或技能的教授使命，也部分承担着价值观引领的作用。因此，除思想政治理论课外，其他各类课程在追求学生全面发展目标的过程中，也始终坚持知识教育与价值教育相统一的原则。

第二，课程思政和思政课程同行，强调将道德教育和职业能力融合在一起。我们强调德业融合的概念，这就要求不仅要加强思想政治理论课的实施，还需要在结合其他专业课程的学科文化和背景基础上，深入挖掘它们所包含的思想政治教育素材和资源。这样做可以确保思政教育融入各个领域中，实现全方位、多角度的培养。除了传授知识和技能，教师还应该负责学生价值观、人生观和世界观方面的培养教育。在教学过程中，教师不仅需要掌握专业知识和技能，还需要善于挖掘和运用隐含在学科文化中的隐形教育资源，使之产生教育作用，提高学生的综合素养并帮助他们成长为具有健全人格的人。此外，思想政治教育理论课不仅需要注重价值引领，还需要传授理论知识，因为它本身也是一门专业知识课程，要实现专业知识和价值观教育并驾齐驱。

（三）正确认识与处理课程思政与思政课程之间的关系

在高校教育中，思政课程和课程思政是实现立德树人根本要求的重要形式和手段，对于高校教育教学工作具有重要地位和发挥重要作用。这两者都是我国高校教育体系中涵盖智育和德育学科的重要组成部分，二者有着自己的侧重点，相互之间既有差异又有联系。为了实现思政课程立体化的育人目标，我们需要充分理解思政课程和课程思政的区别，包括学科属性、内容要求、地位和功能等方面；同时也要认识到这两者在育人方向和育人道路上的同向同行关系，需要正确处理和认识二者之间的辩证关系。

1. 课程思政与思政课程在教学方法上相互补充

课程思政与思政课程在教学方法上互为补充。思想政治教育的基本方法包括：“理论灌输法、实践锻炼法、自我教育法、榜样示范法、比较鉴别法、咨询辅导法。”这种教学活动形式是多样的，所探讨的主题也非常丰富。然而，在日常的思想政治教育教学活动中，很多教师更倾向于使用理论灌输法来进行教学，这种方法主要是通过直接传授理论知识来培养学生的思想政治素养，教师在教学活动中对其他教学方法有所忽略。由于思想政治教育本身具有较高的理论性和目的性，故其教学效果不尽如人意，甚至可能与预期效果相反。对于课程思政而言，主张采用一种隐性的教学方式，将思想政治教育有机地融入专业知识的教学之中，以达到在传授知识的同时引导学生树立正确价值观的目的，以及在教授专业知识的过程中渗透出道德教育的内涵。由此可见，虽然思政课程方法有丰富的教学方法可供选择，但实际上常用的是单调枯燥的理论灌输法。与此相对，课程思政所倡导的教学方式是渗透式的教学方法，具有潜移默化的教学效果，使学生在不知不觉中接受思想教育。因而，两者在教学方法上相互融合，互为补充。

2. 课程思政与思政课程在育人目标上内在统一

我国高等教育的核心本质是“以人为本”，旨在培养德、智、体、美全面发展的人才。这一教育理念贯穿于思想政治理论课和其他各类专业课程之中。“思想政治教育目标既是开展思想政治教育活动的起点，又是思想政治教育活动的终点，它既综括了社会对受教育者的要求，又体现了国家、社会及教育者的期望，还一定程度上规定了人的思想品德发展方向，在整个思想政治教育过程中起着导向、激励、调控的作用。”在高校中，课程思政的教育方式，是进一步加强和延伸思政教育以及高校构建“三全育人”格局的重要举措，这样的教育方式能够有效地帮助学生实现全面发展。基于立德树人的根本要求，尽管课程思政和思政课程的学科特性和背景有所不同，且它们负担的育人职责及功能不尽相同，但是它们在育人目标上有着内在的一致性。因此，我们需要不断贯彻全面发展理念，致力于培养德智体美全面发展的新时代人才。

我们需要正确认识和处理课程思政与思政课程之间的辩证关系。在看到两者互相依存、相互促进的同时，也需要认识到它们是两门独立的课程体系。我们在进行教学时，应充分发掘二者之间的联系，以此为基础实现教学内容和方法的多样性和丰富性，从而提高教学效益，促进学科的繁荣发展。需要明确的是，思政课程和课程思政是两种不同的学科体系，它们各自拥有不同的学科内容、学科特点和学科要求。在进行教学时，我们需根据学科要求和特点，恰当地安排课程内容，设计课堂活动，以确保有价值观的引领贯穿整个教学过程，更好地建设“全员、全课程、全方位”育人格局。

3.课程思政与思政课程在学科发展上相互促进

课程思政的提出，是为了促进思政课程的发展，加强思想政治教育的效益。因此，在建设和发展课程思政的过程中，也少不了思政课程的支持，二者的学科发展是相互促进的。

一方面，高校思政教育理论课需要充分利用课程思政为学科发展提供支持。课程思政体系建设，不仅在育人方面为思政课程提供学科支撑、理论支撑和队伍支撑，除此之外，还有助于缓解高校思政课程育人“孤岛化”问题。同时在解决思想政治教育与专业课程教育之间的“两张皮”难题上也提供了一定的方法借鉴。因此，该举措对于加强思政课与其他课程的融合和渗透具有重要意义。

另一方面，课程思政的发展需要思政课程的支持。为了更好地实现立德树人目标，课程思政需要在课程设置、内容设计、教学标准及政治导向等方面，参照思政课程的示范和引领。我们应正确认识与把握二者之间的相互促进关系，充分利用课程思政对思政课程的发展作用、思政课程对课程思政体系建设的引领作用，使两者之间相互促进、良性互动。

4.课程思政与思政课程在内容上相对独立

我们应该明确，推广思想政治教育，建设课程思政“三全育人”体系时，需要区分课程思政和思政课程这两个独立的、不同的课程体系。我们并不是要将所有的课程都变成思想政治教育课，而是要在开展除思政课以外的各种课程时，注重价值观的教育引领。

作为一门独立的理论知识课程，思想政治理论课的内容本身就是一种知识。它是高校育人环节中的核心内容，肩负着培养学生的主要职责。教授学生专业知识和培养学生技能是其他学科课程的主要任务，但这并不排除它们在向学生灌输道德、思想和价值观方面也承担着责任。相反地，专业领域的课程不仅为学生传授专业知识和技能，还承担起了德育和价值观教育引导的角色和责任。所以，我们需要明确课程思政和思政课程的区别，并充分认识到它们之间的相互联系。它们在教学内容上独立存在，我们也不能将所有课程都视为思想政治教育课程。因此，我们需要注意区分主次，注重对各类课程的分类和教学。除了注重智育方面的内容外，教授专业课程时也需要关注德育方面的内容。我们需要认识到二者在教学内容上是相互独立的，是两个不同的课程体系。

第三节　课程思政建设的原则、任务与标准

一、课程思政建设的原则

（一）主体性原则

主体性是从信息接收者的角度而言的。教学过程离不开作为知识信息传播者的教师，更离不开作为信息接收者的学生。教学过程在突出教师主导作用发挥的同时，更应该重视与尊重学生主体作用的发挥，这就要求教师引导学生积极参与教学活动，并着力做到心中装着学生、过程依靠学生、方法教给学生、目标聚焦学生、一切为了学生。学生要善于开展自主学习、探究学习、创造性学习，有效培养自己的自主学习习惯和良好的学习迁移能力。

（二）启迪性原则

课程思政的任务并非单纯“拷贝式”地传播既有的理论知识，而是要启迪智慧，引领学生成长。因此，教师要在了解学生原有知识结构、认知图式、思维方式和语义解释框架的基础上，通过课堂教学模式的改革和课堂教学情境的创设，引导学生学会选择、学会学习，带着问题去思考、去发现。通过独立思考、独立感悟、自主探索，去获取新知识、新观点、新见解。教师要在有效组织、驾驭课堂的前提下，切实尊重学生的主体地位，发扬课堂教学民主，创设探究式教学情境和营造宽松舒畅的教学气氛，不断提高学生的学习热情与兴趣，引导学生大胆发表自己的独立见解，使学生获得思想和智慧启迪。

（三）显性教育与隐性教育相统一原则

习近平总书记在 2019 年的学校思想政治理论课教师座谈会上发表重要讲话时指出：“要坚持显性教育和隐性教育相统一，挖掘其他课程和教学方式中蕴含的思想政治教育资源，实现全员、全程、全方位育人。”[①] 显隐结合同样也是课程思政的方法。要使课程思政的显性教育作用得到充分发挥，高校应该设计周密的计

① 徐婧雯．浅析大思政格局下新媒体在高校思政工作中的创新路径 [J]. 佳木斯职业学院学报，2020，36（07）：19-20.

划将其融入教学目标和教学理念之中，并制定详细的实施方案，明确课程思政应该产生的教育效果，并提供必要的支持。在学校的教育教学活动中，存在着无声的教育要素，这些要素被称为隐性教育元素。教育环境是隐性教育元素，它主要涵盖了学校的物质建设环境、课堂气氛、活动环境，以及师生和同学之间的关系环境。在新时代，我们要办好课程思政，除了积极发挥显性教育的作用，同时，我们也要兼顾隐性教育的发展，以保持两者的共同目标具有一致性。

21 世纪的高校需要采用新的教育方式，不仅着眼于知识传授，更需把思想政治教育的元素与教育教学的各个环节有机地结合起来，推进全面协同育人落到实处。

（四）教育目标相通性原则

思想政治教育在教学中的渗透，必须符合整体育人的要求和规则。基于不同内容设计的教学模式与育人方案，其最终都是助力学生全面和个性化成长，使学生具备符合整个社会价值共识的道德品质和行为标准。大学英语课程思政的建构，需要始终遵循教育目标相通性原则。在教育过程中，我们需要为每一位学生提供全方位的引导和支持，以帮助他们克服思想和学习方面的问题，进而走上正确的成长之路。将思想政治教育和大学英语教学相互融合，有助于培养出具有坚定政治立场和英语核心素养的人才。

（五）充分合规律性原则

课程思政的建构，受诸多教学要素的制约。无论是教师的教育理念和教育机制，还是学生思想和环境的变化等，都会成为这项系统性育人工程的影响要素。教育工作者需遵循规律性原则，对课程思政进行建构，即教师需对思想政治教育工作规律、学生思想成长规律、教育对象情感认知规律等有正确的认识，在传授知识和政治理论的过程中，应层次分明地开展教学活动，使学生切实成长为懂分寸、“三观”正、品性端的人才。

（六）制度建设一体化设计原则

为了有效推行“课程思政”协同育人，我们需要建立一系列配套制度和政策，以确保科学化和规范化的发展。只有在这样的基础上，才能营造良好的育人氛围、促进资源的高效整合，同时最大程度地发挥育人合作的协同效应。“课程思政”建设的相关保障制度并非固化、不变的规章制度，而是与高校教育教学密切相关、内部协调，并且有整体规划的制度模式。只有在这种灵活、具有弹性的制度框架下，才能激发“课程思政”教学改革的内在动力。高等教育中的各类课程协同思想政治教育是一个包罗诸多要素在内的系统性发展体系，因此，建立互动交流平台、促进师生互动交流、采用注重实质教学效果的奖励措施，并推动教师长效可持续发展应当是“课程思政”制度一体化设计的重要内容。

1. 着力构建高效互补的合作制度

首先，高校要建立一流的“课程思政”管理服务平台和教学交流合作平台，可以在高校内部开展有效合作。高校是由各职能部门密切协作的教育教学系统，内部结构系统完备，分工明确，这一特点在实践中有助于建立长期有效的合作机制。因此，为了促进资源整合和共享，高校需要积极推动多方面的教学对话交流，并努力确保沟通交流渠道畅通无阻。为了推动合作平台的建设，需要采取一系列行动。一是需要与高校各职能部门密切合作，共同推进“课程思政”管理和服务体系的协同完善。在校内党委的指导下，教务处、各级团委、学生工作部门等各方探索跨领域和多维度的合作模式，以增强“课程思政”的协同育人的凝聚力和向心力；二是考虑到其他学院专业教师可能缺乏积极参与和有效实施“课程思政”建设的平台，因而应该汇聚资源，创建一个跨学科的教学平台，以促进思政课和专业课教师之间的交流和互动，更好地分享教学经验和资源，以推动“课程思政”教学的实施。例如，在此基础上侧重领导在推进“课程思政”制度创新方面的作用，呼吁各部门和学院的领导积极参与和组织相关建设，成为推动课程思政建设的重要力量，将平时在教学和管理工作中学到的思政经验应用到课堂中去。这样不仅可以提高课程的影响力，也可以引导更多师生关注和重视“课程思政”，进一步扩大其辐射和受众范围。高校应加强集体备课制度的建构力度，以马克思主义教研室为中心，联合其他教研室，对各自的课程内容和教学方法，提供建议和改进意见，形成“课程思政”教学智库。

其次，高校应该拓展合作的视野，扩大交流范围，并且积极探索推行高校联合培养制度。这种综合性的教育模式不仅以区域合作为基础，同时也可以将学校的不同类型和教育理念作为合作契机，实现高校间的资源共享，实现合作共赢。

为促进高水平理论素养和丰富实践教学经验的思政教育者和学科带头人之间的交流，提供交流平台，让他们能够就“课程思政”的育人目标、课程体系建设、教学设计等多方面进行直接而富有成效的对话，以进一步激发更多的创意和进行思维碰撞。为了加强互访学习机制的质量，高校应该定期举办校际走访交流活动，提高活动的质量水平，从而让参与者深入体验高质量的“课程思政”课堂，从中学会如何巧妙地结合课堂与思政；通过研讨式教学，探讨优秀的“课程思政”教学设计，并分享教学实践的经验。

2. 建立“课程思政”育人激励机制

对于处于一定社会关系之中的现实中的人来说，会有不同的需求，这些需求可以大致分为生活需求和精神需求两类。在精神层面上，人们也有各种不同的需求，例如情感需求、认知需求、文化需求等。激励可以被看作是一种外部的刺激，它也可以被视为有效地提高“课程思政”教学的效果的方法。高校为“课程思政”教学主体提供适宜的物质和精神鼓励，有助于保持其良好的教学状态，可以鼓舞其对“课程思政”教学的积极热情，并提高其参与教学的满意程度。激励方法的实施应以教学效果为中心，同时注重科学运用物质激励和精神激励，合理配合达到最佳效果。高校为涉及“课程思政”的科研项目提供专项经费支持是至关重要的，这不仅可以满足教育主体的现实需求，能够提供物质上的支持，同时也为其未来的发展积累专业素养和资历背景。高校推崇教学育人的价值旨趣，应该以教师奖励计划为抓手，将任课教师对课程的思想政治教育资源的发掘能力和育人实效作为职称评定以及专项支持的考虑因素之一。当然，对于那些在“课程思政”教学方面表现出色的教师，也应当给予精神上的激励，授予相应的荣誉称号，这样能够让他们深刻地感受到学校对他们工作的高度认可，增强他们精神层面上的获得感。

教育实践活动需要教育主体和教育客体共同参与，只有二者密切合作，才能使教学活动有效开展。因此，为了充分利用激励手段，不仅应该考虑教育主体，还应该将教育客体的表现纳入评价之列。显然，学生在思想政治素养、价值判断能力和信仰形塑等方面的提高，是评判“课程思政”教学效果的决定性标准，而这要靠学生通过各种课程内容的学习来实现。在考虑学生教育时，应注重提供有益于持续学习的发展奖励，以激发学生参与“课程思政”课堂互动的积极性和主动性。高校可以探索将学生的思想政治素质、道德水准、信仰坚守及行为习惯与评奖评优、推优入党等奖励行为结合起来，进一步提升“课程思政”激励的作用，并不断完善学生的“课程思政”奖励制度。

（七）思想政治教育与专业教学相统一原则

课程思政的特点在于它能够将思想政治教育和专业教学有机地融合在一起。这两方面并非平行或对立，而是相互统一的，因此，不能够将它们分离开来。作为专业课程，我们需要将大部分时间和精力放在专业教学上，因为专业教育是教师和学生的首要任务和重点。然而，在专业课程的教学中需要融入适当的思想政治教育元素。要清楚的是，我们将思想政治教育融入专业课程，不是忽视专业课程的重要性，实际上是更加注重专业课程的品质，要求将专业课程办得更加出色，这样做有利于更好地发挥思想政治教育的作用。课程思政做得再出色，但如果专业课程教育被忽视，其也发挥不出最好的作用。

二、课程思政建设的任务

课程思政工作的顺利开展，不仅仅依赖高校对于课程思政原则的准确把握，也依赖学校、教师对于课程思政建设任务的达标。

（一）将思想政治教育元素融合到各门课程中

要把思想政治教育元素融合到各门课程当中去，深入发掘课程建设所包含的思想政治教育元素，使其有机结合。2018 年 6 月 21 日，在新时代全国高等学校本科教育工作会议上，陈宝生部长强调：“高校要明确所有课程的育人要素和责任，推动每一位专业课老师制定开展课程思政教学设计，做到课程门门有思政，教师人人讲育人。”[①] 这观点旨在强调，各高校在进行教育教学任务时，必须确保思政理念涵盖各门课程。其目标是实现两个百分百：第一个是确保思政元素百分百贯穿各门课程，没有漏网之鱼；第二个是让所有专业教师都百分百积极投入课程思政建设。在教学做到两个百分百的同时，也要更深入地挖掘各类课程中所蕴含的思政教育元素。例如，当教师在教授某一学科时，可以与学生探讨该领域的

① 陈宝生．在新时代全国高等学校本科教育工作会议上的讲话 [J]. 中国高等教育，2018（15）：7.

历史背景，研究其中的杰出人物，这样做有助于学生了解思想政治相关知识，因为在学科发展和伟人贡献的过程中，一定包含着许多丰富的思想政治教育信息。

（二）使课程思政建设与思想政治理论课程同向而行

我们要让课程思政建设与思想政治理论课程同向而行，相互促进，提升教育效能。课程思政和思政课程的共同目标是通过教育培养学生成为符合“四有”要求的社会主义人才，并引导学生树立正确的三观。为了落实高校大学生的思想道德建设，新时代要求我们在各门课程中贯彻思想政治教育，以达到推进课程思政建设的目的。我们不能只注重专业课程的教育，也需要重视思想政治理论课程的教育，二者应该相辅相成，形成一股教育合力。教育课程可以参考思政课程中的思政教育要素，以培养和加强学生的核心价值观。此外，思政课程也可以学习其他学科中的逻辑思维和科学研究方法，以此扩展知识面，使学生更好地掌握马克思主义的观察世界和改造世界的方法。思想政治理论课和课程思政同向而行，是我国高等教育不可或缺的举措。这一举措是为了培养适应中国特色社会主义事业需要的人才，也是为了培养承担民族复兴使命的年轻一代的必经之路。

（三）要深入贯彻实施“三全育人”要求

“三全育人”，即全员、全程、全方位育人，这个要求在课程思政中仍然具有实际意义。在实现全面育人的过程中，必须在所有课程中贯彻思想政治教育，这便是我们所说的课程思政建设。课程思政也需要承担和实现思想政治教育的任务——“三全育人”。首先，要实现全员育人的课程思政目标，必须确保全校各部门，单位，包括校领导、党委成员和教师等所有成员之间紧密合作、相互配合。为了培养理想人才，我们需要确保计划的各个环节相互衔接、紧密合作，并进行必要的调整和反馈。其次，课程思政应该全程注重学生的思想品德教育。这意味着，无论小到任意一堂课，还是大到整个大学学习生涯，都应该始终贯彻思想政治教育的理念，坚定意识形态。最后，课程思政要实现全方位育人，课程思政需要充分利用各类教育资源，将思想政治教育融入其中并加以体现。

总的来说，课程思政是一种有力的手段，能够促进高校实现“三全育人”的目标。同时，“三全育人”的实现也可以证明课程思政教育的有效提升。

三、课程思政建设的标准

课程思政的建设需要学生、教师、学校三方相互配合、协同推进，以形成巨大的教育合力。所以关于衡量课程思政建设的标准，涉及学生、教师、学校三个维度。

（一）人才培育成效是衡量课程思政建设的第一标准

课程思政建设的目的是为我国培育高质量人才，这也是重要任务，在开展课程思政建设工作时，需要集中精力提高人才素质，这也是我们工作的首要目标和衡量标准。也就是说，若要评估一所高校或一门课程的课程思政实施效果好不好，主要的考量因素是育才效果，也就是学生在各方面的收获和表现。例如，在思想意识方面，学生是否有意愿主动学习这门课程、是否对于未来的学习更感兴趣、是否理解并且秉持着社会主义核心价值观，是否能够准确自觉地承担新时代青年担负的重任并充满责任感和信心；在政治观念方面，学生是否增强了爱国主义责任感和奉献感、是否更深入地理解马克思主义的世界观和政治观、是否更加深刻地理解和认识社会主义核心价值观；在道德品质方面，学生是否自觉跟党走，是否能做到在严于律已、尊重师长、善待同学、乐于助人、团结合作。

（二）教师育才维度是衡量课程思政建设的重要标准

教师只有在备课充分的情况下，才能讲好一堂好课。教师准备工作离不开自身的知识储备、身心素质和思想道德素质等。课程思政的运用需要灵活的技巧以及极高的知识储备，这样才能够做到“润物细无声”地融入各类课程当中。教师拥有良好的身体和心理素质是十分重要的，因为这是其他一切素质的基本物质载体。对学生而言，教师是他们的榜样，他们会通过模仿教师的行为来学习，所以教师的思想道德素质决定了学生的思想道德素质。除此以外，教师的准备工作还离不开教师自身的教学素质。教师制订课程思政教学方案、采用合适的教学手段以及有效实施教学目标，都会直接影响到这堂课的教学效果。教师的育才维度与上述这些工作准备息息相关，因此，对于评价一所学校或一堂课的课程思政的效果，可以从这些方面着手。如果一位教师真正理解并承担起自己的育人使命，并努力实现这个目标，那么就离一堂好课不远了，同时也完成了课程思政的教学目标任务。

（三）学风、校风氛围是衡量课程思政建设的另一重要标准

一所学校良好的学风和校风外在地体现了该学校的教学成果和教学质量。课程思政建设恰恰是基于高校这个主阵地进行的。因此，高校的优秀校风和学风氛围不仅会对课程思政建设产生积极影响，反之亦然。良好的课程思政建设有助于积极推动校风和学风朝着更加积极向上的方向发展。此外，浓厚而积极的校园文化和学术氛围也将营造出一个令人心驰神往的学习氛围，激励学生积极主动地学习，从而更好地帮助他们成长。如果评价一所学校的校风和学风是否良好，需要对高校教学管理计划的执行情况、教学管理制度的遵从程度、教师的教学水平以及学生的学习反馈等方面进行综合考量。

综合考虑学校、教师和学生三个方面的因素，是评估课程思政建设的必要条件。学校建设和管理是教师教学和学生学习的基础和前提，能够对教师和学生产生积极的影响。通过巧妙使用教学手段和有效运用教学方法，可以推进学校课程思政建设，并激发学生的积极性，使他们更主动地参与学习和课程思政建设。如果学生在学习过程中的表现非常优秀，学习反馈指标也高，那么学校和教师会更有信心推进课程思政建设的改革和创新。

综上所述，课程思政是一种重要的教育观念，不是专门开设的独立课程，而是把思想政治教育的理念贯穿于各类教育教学中，使其充分融合。同时实现树立人格、培养人才的根本任务，让教学与育人相辅相成，创造“三全育人”的思想政治教育新格局。自党的十八大以来，我国步入新时代，这个新时代致力于实现中华民族伟大复兴的目标，急需新一代有志之士挺身而出担当重任。这一目标即是我们思想政治教育的新动力，同时这也为高等教育带来了新的挑战。因此，全国高校和教师应该积极履行自己肩负的责任，齐心协力地促进课程思政建设的发展，准确把握课程思政建设的原则，高效完成课程思政建设的任务，并且严格遵循课程思政建设的标准。通过课程思政把大学生培养成合格的、能够胜任社会主义事业的接班人。

第四节　课程思政的理论基础与意义

一、课程思政的理论基础

（一）系统性理论

我国的系统思想的历史悠久，主要反映在对朴素自然观里，如对万物的本原的认识以及自然系统中的阴阳和五行等概念，目的都是为了解决自然和社会现象出现的问题。

人的思想品德结构是一个系统，只有当主体在实践中内在因素和客体因素相互配合、相互作用，才能达到最佳状态。在进行课程思政教学时，教育工作者需要利用教育内容、方法和环境等各种因素，使学生的思想和品德向思政教育的根本目标和立德树人的根本任务前进，从而达到社会要求。要让课程思政教学最大限度地发挥作用，我们必须综合考虑所有影响其效果的因素，包括教师、学生、教学手段和环境等各方面的因素，这是“三全育人”理论的核心。“全员育人”的前提和基础是高校需要形成一致的教育理念、集聚教育资源，共同承担教育责任。实施“全过程育人”是必要依托，需要全员认真利用和重视思想政治工作，并关注育人对象在各个阶段、各个环节的身心发展，以落实立德树人的根本任务。“全方位育人”要求全员不仅要在思想政治工作和育人对象的身心发展各个阶段和环节上予以重视，而且还要注重利用整个教育过程中的每个阶段和环节来协同落实立德树人的根本任务。只有这么做，才能确保课程思政实际工作达到预期的效果。

（二）“以学生为中心”的理论

杜威（Dewey）的“儿童中心论”是“以学生为中心”教育理念的来源。杜威主张要站在儿童的立场上，尊重儿童的兴趣与需要，不压抑儿童的天性和个性发展，将儿童视为学校生活中的起点、中心、目的[①]。它的出现为“以学生为中心”教育理念的发展奠定了重要基础。杜威的“儿童中心论”也有一定的局限之处，

① 唐淑．学前教育史 [M]. 北京：人民教育出版社，2018：337.

它片面强调了"儿童"的重要地位，忽略了高等院校教师的主导地位，以及系统讲授的重要性。之后卡尔·罗杰斯（Carl Rogers）将其用于心理治疗的"以病人为中心"的治疗理念和方法引申到了教育领域[①]。通过观察研究世界各国的教育教学发展过程我们不难发现，"以学生为中心"的教育教学理念在国际上产生了重要影响，多个国家都在该理念的指导下进行了一系列的理论和实践探索并取得一系列成绩。英国在其各个阶段的教育中都提倡要贯彻该理念，除了在各个学段的课堂教学中提倡该理念，还在教学评估中将其作为一个重要的原则来指导相关工作的开展。除了英国，泰国和法国也在该理念的指导下对本国的教育教学管理进行了一系列有益探索。

（三）协同理论

协同理论产生于20世纪60年代，由德国物理学家哈肯提出，最初属于物理学范畴，其核心观点是"协同导致有序"[②]。具体来说，就是通过加强子系统之间的协作，使系统内部变得更有序。在宏观层面上，集中各子系统的力量，降低内耗，从而打造出集体效应。我国将协同理论引入社会哲学科学工作是在20世纪末期，主要应用于德育工作中。协同合作是德育工作中必不可少的一环，它需要整合各相关领域的资源力量，以形成合力。高等学校应该在思想政治教育领域中，积极发挥"课程、科研、实践、文化、网络、心理、管理、服务、资助、组织"等方面的作用和优势，发动校方、学生、家庭以及社会各界共同参与，共同营造一股强大的教育合力。因此，协同理论与高校思想政治教育体系的构建具有一致性，这使得协同理论成为课程思政创建的重要理论支撑。

（四）胡塞尔的相关理论

胡塞尔（Husserl）的"生活世界"与科学世界相对应，对"日常生活世界"进行论述，"生活世界"是可以被感知的、多彩的生活世界[③]。思想政治教育生活化也要立足于学生的生活世界，关注学生充满无限的可能性且具有教育意义的生

① （美）卡尔.R.罗杰斯.顾问和心理治疗[M].波士顿：霍夫顿－密夫林公司，1942：217.

② 苗东升.系统科学概览[M].北京：中国书籍出版社，2018：221.

③ （德）埃德蒙德，胡塞尔（Edmund Husserd）；倪梁康选编.胡塞尔选集（上）[M].上海：上海三联书店，1997：941.

活世界。在教育过程中我们不能只把理论知识的“条条框框”教授给学生，要想使学生健康成长就必须使教育立足于生活，关注生活，充分利用生活中多种资源，促进学生的全面发展。主体间的互识和共识两个方面决定了科学世界的“客观性”。

（五）马克思主义关于人的全面发展理论

人的发展应该是全方位、多维度的，而不仅仅是智力上的发展。全方位多角度的发展涵盖了许多方面，如人的体能、道德品质、自由个性、社会关系、志向和兴趣，以及各方面才能等的发展。强调个人综合能力和自我提升，以提高整体素质为目标，与高校的课程思政教育理念相符合，为高校课程思政建设提供了指导方向。国家公民整体素质的提高源于每个人的全面发展，而这种全面发展是社会各界共同促进的。马克思非常注重教育对于个人全面发展的重要性，这一点在他的各个思想体系中都有所体现。“课程思政”旨在以马克思主义为指导思想，向学生传授马克思主义理论及其本土化的成果，旨在全方位培养学生成为现代化的职业人才。因此可以推断，课程思政的教育目标基于马克思关于人的全面发展理论，两者在本质上具有相同的特点。马克思的理论为课程思政提供了内在的理论基础和根本的价值目标。引入“课程思政”体系是新时代教育理念的创新之举，该体系有效地解决了高校思政课和专业课分割开来的不良状况，形成了“三全育人”的新格局，为国家培养更加卓越的人才。

二、课程思政的意义

（一）顺应了中国特色社会主义新时代发展的需求

在当前社会发展多元化的背景下，新时代提出了新的发展任务和新的挑战，这增加了对全面发展、高素质人才的需求。因此，我们再次认识到思想政治教育在综合性人才培养中的重要作用和地位。然而，我们的思想政治教育在实际落实过程中受到了各种问题的阻碍。我们需要推行以课程思政教育理念为核心，注重提升学生的德、智、体、美全面发展，培养能够适应当今社会发展需要的高质量人才的教育。这是高等教育实现“内涵式”发展的需要。

（二）明确了“课程思政”的内容和目标价值

在实施课程思政的过程中，尽管可以继续在课堂上进行通常的德育教育，但是必须强调高等教育的根本使命应体现为坚定拥护党的领导、培养社会主义事业的接班人这一政治目标。因此，在课程思政中，必须将关于“为谁培养人”的根本问题视为主要的价值追求，这与“课程德育”理念有本质上的不同。高等教育的“立德树人”主要是围绕大学生的政治方向培养，来传承和弘扬道德价值观，德育包括但不限于传授个人道德、职业道德和社会公德等方面。德育教育对全社会成员均有教育意义，无论是公德还是私德都是通用的道德规范和一般道德要求。课程思政重视培养学生的道德素质，所谓“立德树人”的“德”是建立在公德和私德基础之上的。无论是职业院校的应用型人才还是普通本科院校的专业人才，也无论他们是专科生、本科生还是研究生，高校对其进行课程思政都是必不可少的，因为它培养的是政治方向和政治品德，这是课程思政的本质内容和价值意义。

（三）对教师的思想政治水平提出新要求

在实际的高等教育工作中，师德师风通常指的是教师在职业行为和个人道德修养方面的表现。传统的师德更加强调教师在公共和私人行为方面的品德表现。在一些高校和应用性较强的行业中，如医学和艺术领域，一些教师直接来自社会从业者，还有很多高校教师有留学和职业经验。由于一些情况，如教学经验不足、教师执业培训不完善，以及对教师职责理解不充分等，导致一些教师在实施课程教学时会认为只要没有发生教学事故、专业知识讲解得清楚、课堂内外注意教师形象、遵守师德底线，就能算完成课程思政教学。有些高校的教学管理者认为，只要教师没违法律、没违规和没违背基本道德准则，就可以视为其有良好的师德师风。此外，还有些人认为，只要教师把课上好，就可以看做是在落实课程思政。通过对课程思政内涵的科学界定，即突强调课程教学中的政治认同教育功能，我们就必须一直坚持教师在“教书”和“育人”两个方面的有机结合。除了要求教师把课上好之外，还要强调知识传授和知识运用方向的统一。教师需要保持良好的教育职业道德，并参加政治理论学习和课程思政实施培训，做到对党的领导、政治道路与政治体制的真学、真懂和真信。这样，教师才能通过身体力行来潜移默化地影响学生，进而实现课程思政的隐性教育，最终实现“润物无声”的效果。

这个过程也是高校教师不断学习和教学运用、实现动态增强自身的政治素养和育人能力的过程。

（四）重新定义教学位置

在大学教学中，学生有很多机会积累语言智慧，但是他们缺乏表达语言的能力。推动课程思政理论能够引导教师和学生调整教学方向、能力发展方向，具有非常重要的意义。我们应坚持以“德育教育”为核心的教学理念，课程思政理论需要教师充分重视学生的主观能动性。为了实现这个目标，教师应该充分利用外部环境、教学资源和学生意识这三方面的有机配合，不断改进教学过程和方法。如果教师能够将自己的引导优势和教学内容结合起来，就能有效提高教学的效果，那么这种教学方式将起到育人的作用，带来更多的综合效益。通过课程思政理论，教师需要关注德育教育、技能教育和理论教育这三个方面的教育，并有效地将理论和技能相结合。通过课程思政教学，教师和学生作为彼此依存但又相互独立的主体参与教学活动中，这将显著增强对教育教学活动的积极影响。

（五）教学经验的整合优化

传统的大学教学活动强调课堂教学是“朝前看”的过程，其仅要求学生达到某些分数要求，而并未检测学生已经掌握的知识结构的完整性。然而，随着教学活动的推进，可能会出现学生遗漏某些知识点或未能充分应用已掌握知识的情况。在思政课程的要求下，学生和教师有机会独立发挥管理和探索的能力。教师可以探索教学体系中可用的经验，将其与当前的教学知识进行对照，从而实现提供新的学习方法并重塑既有知识的目标，通过创新的教学方式解决学习难点，以更好地满足学生的需求。学生可基于之前所习得的知识进行灵活调整，以适应当前的学习进度，并主动地应用教学知识。通过教学经验的有机配合，学生和教师能够在英语教学中建立更紧密的互动关系。

第二章　高等院校英语课程思政教学概述

本章为高等院校英语课程思政教学概述，包括三方面内容，分别是高等院校“大学英语”课程向“课程思政”拓展、高等院校英语课程思政教学必要性、高等院校英语教师课程思政教学能力建设。

第一节　高等院校“大学英语”课程向“课程思政”拓展

一、“大学英语”课程向“课程思政”拓展的可行性

“大学英语”课程向“课程思政”拓展的理念，源于习近平总书记的讲话精神。习近平总书记在全国高校思想政治工作会议上强调：“其他各门课都要守好一段渠、种好责任田，使各类课程与思想政治理论课同向同行，形成协同效应。”[①]此外，“大学英语”课程向“课程思政”拓展的理论依据是协同理论，协同理论主要研究不同事物的共同特征及其协同机理。虽然“大学英语”课程与思想政治教育课程各有其独特的课程特点，存在着差异性，但是两类课程在课程性质、教育总体目标、教育对象等方面存在着共性，两类课程之间能够同向同行，形成教育合力，形成协同效应。“大学英语”课程向“课程思政”拓展的可行性主要体现在以下三个方面。

（一）“大学英语”课程的人文性质和思想政治教育契合度高

尽管“大学英语”课程和思想政治教育课程所属学科不同，但是它们都是公共基础课程，且“大学英语”不仅具有工具性，还具有人文性，也承担着全面育人的任务。“大学英语”的人文性质与思想政治教育高度契合，其作为通识教育

① 习近平．习近平在全国高校思想政治工作会议上强调：把思想政治工作贯穿教育教学全过程 开创我国高等教育事业发展新局面［N］．人民日报，2016-1-09（1）．

的一门课程，“大学英语”并不要求教学内容具有特定的专业性和知识性，只要语言载体是英语即可，教学内容可以融入有关思想政治教育元素。此外，“大学英语”课程的人文性，意味着“大学英语”有提高学生人文综合素养的使命。在“大学英语”教学中，不仅要注重学生的语言技能培养，还要强化学生的爱国主义教育，增强学生的爱国精神。同时，通过比较不同文化的差异，可以帮助学生养成正确的品德观念，以及树立正确的世界观、人生观和价值观。

（二）“大学英语”课程的特点与思想政治教育协同效应强

第一，“大学英语”课程所涵盖的知识领域广泛，包括政治、经济、历史、社会、文化等多个方面。第二，“大学英语”课程的教学课时比较多，时间跨度也比较长。尽管不同高校存在细微差异，但一般而言，每学期的教学时间大致为32至64学时，学制为四个学期或更长时间。第三，“大学英语”课程几乎涵盖了全国绝大部分大学的学生，是一门具有广泛受众的课程。因此，我们应该在“大学英语”教育中注入思想政治教育的元素，以推动“大学英语”课程向“课程思政”的方向拓展，将其打造成为隐性思想政治教育的重要渠道，并与其他教育形式相互协调，贯彻习近平总书记在教育方面的重要指示。

（三）“大学英语”课程师资队伍的传道效应强

教师，有着“人类灵魂工程师”的美誉，他们肩负着极为崇高的使命和责任，在教书育人上任重道远。在全国范围内，高校的“大学英语”课程教师人数众多。尽管英语教师并非专业的思想政治教育工作者，但他们除了遵循正确的道德和信仰，还应履行“传道”的职责。英语教师，应以善于讲授西方语言文化为契机，传播先进的思想文化，引导学生发扬中华优秀的传统文化，引导学生信仰、传播和践行社会主义核心价值观，并帮助学生树立正确的理想信念。

二、“大学英语”课程向“课程思政”拓展的意义

在高等教育日常教学过程中，“大学英语”是日常教学的基础课程之一。在英语教学过程中，学生可以通过学习掌握英语的基础知识和语言基本技能，了解主要英语国家的社会文化知识，同时培养和提高自己跨文化交际能力。在传统教学范式中，高校英语教育工作者常常只侧重于英语专业课程的授课，并注重提升

学生的听说读写能力，而常常忽视了对学生的思想政治教育。此外，他们也很少关注外国文化或价值观对学生的影响，更没有有意识地引导学生以批判的眼光看待西方文化。受传统的教育观念和升学压力的多重影响，学生常常处于“校—家”体系的监督之下。由此，许多学生的思维、行为模式以及个人理想和信仰等方面会很容易受到教师的引导而变得被动。大学时期对学生而言是一个重要的转折点，大学生思想得以解放，行为相对自由。在这个过程中，大量的外来思想和文化，都会对大学生的道德判断和发展产生深远的影响。在英语教育中引入并扩展思想政治教育，借助教师的正确引导，在大学生的英语课堂上，帮助他们适应外国文化的异质性，避免或减少外国不良风气的影响，这对于学生树立正确人生观和价值观具有重要意义。

“大学英语”课程是全国高校的基础课程，其具有以下特点：课时多、课时长、覆盖面广、师资队伍强、社会关注度高。因此，高校对于维护和提升“大学英语”课程的质量和完整度，具有重要的责任。它对于高校学生拓展国际视野、熟悉国际语言、具有共产主义信念、促进身心全面发展等方面有着极其重要的作用。此外，我国高校拥有庞大的英语教师队伍。尽管这些教师并非专业的思政教育工作者，但他们同样具有向学生传递正确价值观进行世界观教育的责任。实施立德树人的教育理念，将西方语言文化和大学生思想政治教育相结合，使“大学英语”课程贯穿思想政治教育。通过这种方式，使“大学英语”课程和思想政治教育同向同行，从而发挥最大的协同效应。这种方法可以实现全程育人和全方位育人，推动课程教学改革，努力开创“大学英语”课程向“课程思政”拓展的新局面。

第二节　高等院校英语课程思政教学必要性

如果在实施课程思政中，不将专业知识和思想政治教育元素有机地结合起来，而是生硬地灌输思想政治教育，很容易引起学生的反感和抵制，这与当初实施课程思政改革的初衷背道而驰。教育，尤其是思想政治教育，其魅力和力量在于能够深入人心。为取得最好的课程思政效果，思想政治工作需要重视方法和手段。教育者需要具备教育的智慧，使政治思想内化于心，外化于行。只有这样，才能最大限度地实现课程思政的效果。因此，高校在课堂教学的安排和教学内容中都可以融入思政教育的要点，可以合理地融入爱国主义情感、集体主义精神等思政教育内容，进而实现专业课的“思政”和思政课齐头并进，从而达到全方位的育人的目的。从这个角度来看，推进大学英语课程的思想政治建设已势在必行。

一、学习大学英语的必要性

英语作为国际通用语言，在各个领域中发挥着至关重要的作用。而英语水平的高低，在一定程度上决定着我们是否能“讲好中国故事、传播好中国声音”，国家建设也迫切需要精通外语特别是英语的人才。在全球化向纵深发展的当今社会，各行各业几乎都与其他国家或地区有着千丝万缕的联系，英语这门国际通用语言已成为国家对外经济发展的助推剂。同时，英语对大学生的个人发展也非常重要，无论是专业学习、科学研究还是未来就业，出色的英语能力都能在很大程度上让学生脱颖而出。

大学英语教学应该坚持一切课程、一切课内外活动均以英语应用能力，尤其是口语表达交流能力为首要目标，强调产出表达，突出交际互动，确保实际应用，为学生学业发展和未来工作、科研等需求服务。但大学英语教学目标绝不止步于语言教学层面，而应该通过大学英语课程的教学设计，提供与目标相匹配的学习环境与交往体验，促使学生在学习知识的同时提高技能、培养学习兴趣和学习责任，养成求实的科学态度、宽仁的人生认知，崇尚对真善美的追求，表现出课程赋予的关键能力、内在意识和必备品格，实现自己的人生价值。

（一）培养国际视野，加强国际沟通

自从哥伦布发现新大陆以来，人类从来没停止过加强彼此之间的联系。现如今，我们生活在一个经济文化往来比历史上任何一个时期都频繁的时代，我们每个人的命运，无论自己愿意与否，都与这个世界的命运紧密相连。

身处这个人类命运共同体中，我们应该在坚守本民族优秀文化传统、对我国的社会制度和发展道路保持自信的同时，自觉拓宽自己的国际视野，努力提高自身的跨文化沟通能力。这是因为国际视野和跨文化沟通能力在很大程度上，决定了我们在国际社会这个大舞台上能否听懂别人所说语言的含义，以及我们说的话是否能够被对方听懂，决定了我们提出的主张和方案能否被其他人认可，这将在

全球事务中发挥更大的作用，决定了我们能否与世界各国一起为解决全人类问题而互相协作，共同发力。

我们要向全世界展现中华文化的魅力，一个重要的前提就是精通外语，特别是英语。我们要用国际社会易于接受和理解的话语将中国道路、理论制度讲清道明，与国际社会共享中国科技、中国文化和中国智慧。

（二）助力国家建设，助推国家发展

就经济建设而言，在经济全球化和区域一体化程度日益加深的当今社会，任何一个国家要想真正实现发展，就必须高度重视生产要素跨国、跨地区的流动。作为一门国际通用语言，英语可以帮助人们获取和利用上述这些生产要素。以一种产品的生产与销售为例，让我们看看英语是如何发挥作用的。如果我们想研发一种具有国际领先水平的产品，并将其成功销往国际市场，那么我们需要做到以下几点。

首先，应该重视该产品的设计和质量。我们要吸收和借鉴国际先进技术，并加以创新。众所周知，大部分国际先进技术都是用英语表述的（或至少有用英语表述的版本）。如果英语水平有限，我们就无法准确理解和掌握这些国际先进技术，不利于创新。

其次，要分析产品的市场与受众。我们需要针对国际受众做一些网络或者实地调查。无论是哪一种调查，调查者都要熟练掌握英语，有时还要掌握一门当地语言。即便是委托当地企业或机构进行调查，英语沟通也在所难免。

再次，应该为产品销售做好国际推广和售后工作。为了做到这一点，我们可能需要招聘当地的营销人员和售后人员。在招聘过程和后续工作中，作为沟通媒介的英语就显得非常重要。

最后，要做好与产品进出口相关的各类报表。在这个过程中，英语是非常重要的工具。

英语表达与沟通在每个环节都很重要。由此我们也能想到，在更为宏观的经济建设层面，英语也一定发挥着重要作用。比如，同世界各国的交流、洽谈、合作离不开英语；承接产业转移、促进产业升级、提高产品竞争力也离不开英语；解决国际经济合作中出现的各类摩擦同样需要一大批熟练运用外语、通晓国际规则、精通国际谈判的专业人才。

就文化建设而言，英语也可以发挥一定的作用。任何一个国家的文化都不是闭门造车的产物，中国文化之所以博大精深、源远流长、历久弥新，一个重要的原因就是中国文化的包容性。在当前的国际环境下，一方面，我们要传承和弘扬中华优秀传统文化，另一方面，也要批判性地吸收西方文化以及其他文化的优秀元素，博采众长。我们如何把握英语文化的精髓？一个重要的前提就是学好英语这门语言。我们其实也可以从一些中国近当代文化和国学大师身上得到某些启示。胡适、钱锺书、季羡林、冯友兰等，几乎都精通中英两种语言甚至多种语言，因而能够在多种文化的对比与互鉴中体悟和丰富中国文化。

除了经济建设和文化建设以外，英语在政治建设、社会建设、生态文明建设等方面也发挥了一定的作用。比如，在社会建设方面，目前我国许多城市的公示语都采用了中英双语来表示，这更好地适应了国际化城市的建设和开放形势需要，也在一定程度上提升了我国的国际形象。

（三）促进个人发展，提升综合素养

提到大学英语对个人发展的作用，很多同学可能会联想到各类英语考试对自己的帮助。比如，大学英语四、六级考试是每一个大学生都躲不掉、绕不开的重要考试，能否通过四、六级考试或许会直接影响到学生自身能不能获得奖学金、能不能评上优秀、能不能得到保送研究生资格，毕业生在找工作时，往往也能感受到英语强大的影响。此外，在互联网企业的校园招聘中，许多与营销相关的岗位都要求英语口语流利、书面语文笔流畅。学生如果想去外企工作，六级考试成绩在500分以上只是起步要求，企业更加注重英语的实际运用能力，也会全方位考查学生的英语功底。

在庞大的就业大军中，漂亮的四、六级分数无疑是一块有分量的“敲门砖”。即使学生本科毕业不忙于就业而加入考研大军，英语也是一座必须越过的“高山”。2020年，全国考研人数达到341万，除了少数选择小语种的考生之外，大多数考生都要参加英语考试。考研英语难度较大，是许多考生考研道路上的“拦路虎”。到了复试阶段，各大高校几乎都有英语面试，有的还增加了英语听力考试。硕士毕业后，学生如果要继续读博，英语也一如既往地占据着重要地位，从入学的英语考试，到读博期间的文献查阅、资料研读、论文撰写等，都离不开英语。

有些含金量很高的证书和考试也与英语密切相关。比如注册会计师考试，其专业阶段的科目试卷和综合阶段的职业能力测试试卷中均包含可用英语作答的题目，若选择用英语作答，可以获得额外的加分。又比如特许金融分析师考试，试题都是用英语命制，要求考生用英语作答。另外，学生如果要到国外留学，大多数情况下必须参加语言考试，例如雅思考试或者托福考试。出色的雅思成绩或托福成绩不仅可以帮学生敲开世界名校的大门，也是你日后进入名企的“敲门砖”。

国内的升学、就业和英语密不可分，国外的学习、工作离开了英语更是难以开展。熟练掌握英语，就如同拥有了一把进入知识宫殿的钥匙，获得了一份去往大千世界的通行证。走出国门，我们可以遇见更多的人，了解更多的思想，拥有更大的平台，掌握更多的知识，理解更多的文化。即使不从事学术研究，我们也可以行走在更广袤的人生旅途中。

根据《大学英语教学指南》（2020版）所述，就个人层面而言，大学英语课程有助于学生了解世界各国优秀的文明和文化，培养人文精神，提升综合素质；促进学生全面发展，并且为学生知识创新、潜能发挥提供一个基本工具，帮助学生为适应经济全球化时代的机遇和挑战做好准备。语言是工具，但更是文化。优秀的英语影视作品与我们的文学作品交相辉映，不仅能洗涤我们的心灵，还能在一定程度上提升我们内心的满足感和文艺素养。我们在提高语言水平的同时还可以领略到其他文化的一些美妙之处。我们可能会感受到地域之美，比如《勇敢的心》中壮美的苏格兰高地，《燃情岁月》中雄伟的落基山脉。我们还可能会感受到音乐之美，比如《音乐之声》中抽象的音符，《爱乐之城》中糅合了现代和经典两种风格的爵士乐。我们也可能从某些人物身上得到激励，比如，《美丽心灵》中的诺贝尔经济学奖获得者约翰·纳什，《阿甘正传》中脚踏实地创造奇迹的自闭症患者阿甘。

此外，语言学习有助于大脑的开发。研究人员发现，语言学习是一项全脑运动，可以帮助人们增强记忆力。在青少年时期，语言学习有助于学生迅速提升认知能力，打开一扇扇通往未知世界的大门；在中老年时期，语言学习能够延缓人们思维能力的衰退，为人生之旅加油充电。漫长的英语学习之路也是磨炼意志、打造自我的过程。玉不琢不美，人不磨不灵。我们应该在这个磨炼和打造的过程中迎难而上，奋发进取。学好英语，就是给自己的人生创造了更多的可能。

二、大学英语课程思政教学的必要性

（一）西方思想文化的冲击

在全球化、信息化、网络化的时代背景下，不同国家、不同民族之间实现了前所未有的经济、政治、文化的交流与融合。中国在注重文化传承的同时，也不忘与外界交流沟通，中华优秀传统文化也开始走出国门。与此同时，各种思想文化和社会思潮也开始源源不断地涌入中国，并逐渐对新时代中国青年的思想观念产生了一定的影响。那么，在当前各种文化激烈碰撞的大环境下，我们应该如何看待西方思想文化呢?

大学英语教师应引导学生理性地看待中西方文化之间的相同之处和不同之处。对于任何一个国家来讲，历史文化都是极其宝贵的财富。了解中国和西方国家的历史文化背景，并对其进行对比分析，有助于我们明确文化形成的根源，更加理性客观地看待文化之间的差异性，同时也有助于我们增强对本国文化的自信心。我们如果认真比较一下《木兰辞》及由此改编而成的美国动画电影《木兰》中呈现的木兰这一形象，就会发现两者有较大的差异。《木兰辞》着重叙述了木兰替父从军、沙场征战和荣归故里的桥段，塑造了一个深明大义的巾帼英雄形象，集中体现了中华儿女忠于国家、孝顺父母、勤劳、善良、勇敢、刚毅、淳朴的优秀品质。作品并没有着重描写木兰自我价值的实现，她只是单纯地希望替父从军，保全爹爹的性命。而迪士尼影片《木兰》想要塑造一个有着强烈自我肯定和自我实现价值观的木兰，影片中的她有着一系列“出格”表现，比如与家人共进晚餐时，将杯子摔在桌子上表示不满。这在一定程度上体现了西方盛行的个人主义价值观。迪士尼影片的创作者有意或无意地创造了一个有悖于当时的传统社会礼仪的人物形象，并且在影片中刻画了中国人的古板、严肃和美国人的幽默、风趣，这其实是由于未能深刻理解中国传统文化而产生的对原作品的误读。

（二）学生意志品质提升的需要

1. 挑战自我的勇气

有的同学在英语课堂上经常张不开口，勉强开口说英语时往往声如蚊蝇；

有的同学害怕犯错，不敢用英语表达自己，经常说“My English is poor.”这句话，这些都是缺乏自信的表现。这可能是学生因为中学阶段英语基础比较薄弱而产生了羞怯心理。在大学阶段，学习不应是为提高分数而进行的重复训练，也不应是被动接受的知识灌输。面对英语学习中的困难和挑战，学生应该如何应对呢？

首先，学生要明确学习动机。要明确为谁学？为什么而学？明确的学习动机是学好英语的内在动力。学生动机越强烈，意志行动也就越持久，也才能更好地激发学习兴趣。其次，要充分信任教师。当学生遇到困难时，可以向老师寻求帮助，教师往往会依据学生的学习情况提出有针对性的建议，这或许能较大幅度地提升学生的学习效率。再次，要勇于挑战自我。要敢于质疑，敢于发问，敢于出错。在英语学习过程中，不要怕犯错误，也不要过分在意别人的看法，要努力突破自我，而不是总是与别人比较。最后，要做好学习规划。学生要对自己有明确的要求，安排好自主学习的任务，充分利用碎片化时间。

在大学英语的学习过程中，学生要养成大胆开口说英语的习惯，克服“张不开口”的心理障碍，积极参加各种英语课外活动，这样既可以感受语言学习的乐趣，又有利于锻炼自身良好的心理素质，培养挑战自我的勇气。另外，学生如果掌握了个性化、自主式学习方法，学会自我监控，学会运用恰当的学习策略，那么就可以更好地培养自身的主观能动性和创造性，成为一个积极的英语学习者。

2. 坚持不懈的努力

语言学习非一日之功。学习者应培养良好的学习习惯，还要有坚持不懈的韧劲。对任何英语学习者来说，学习英语都是需要付出时间的，并且要持续不断地付出。那些没有学好英语的同学可能会说自己没有天分。其实不然，学不好英语的原因往往是他们有惰性，“三天打鱼，两天晒网”的做法肯定是不行的。学生可以利用碎片化时间来学习英语，坚持每天练习，将英语学习真正融入日常生活中。另外，英语学习需要积累，没有量的积累就没有质的飞跃。学生应该在听、说技能训练方面，坚持由点到线，由线到面，把所学知识真正变成自己能够运用的语言；在阅读技能训练方面，坚持精读和泛读相结合。精读可以以英语课本为主要资料，不但要看懂文章中的每一个句子，还要掌握与文章有关的词汇知识和语法知识。泛读则不同，泛读只要求学生看懂大概内容，不要求看懂每一个单词。

泛读材料可以是绘本、小说、杂志、报纸等。通过泛读，我们可以积累更多的词汇知识、文化知识，训练阅读理解的技巧与方法。

3. 明辨是非的能力

我们每天都被各种言论包围，这些言论究竟有没有道理？我们能否对言论的可信性作出合理的判断？我们在作出判断之前会不会提出质疑？对我们认为不可信的言论，能否指出它的不合理之处？在别人抛出立场和观点时，我们有没有提出与之相反的立场和观点并对其进行论证的能力？要想回答好这些问题，我们必须具有批判性思维能力。一个具有批判性思维能力的人，能从纷繁的信息中筛选出自己需要的信息，并对其加以归纳和分析；还能识别出这些信息中的立场和论证，评价它们是否合理；不会人云亦云，对事情有自己的判断，能够明辨是非。在大学英语学习过程中，尤其是在英语课文中，我们也会接触各种立场和观点，甚至还可能遇到由文化冲突导致的对立观点。这时就需要我们对课文进行批判性阅读，理性分析课文中的各种立场和论证，并做出合理的判断。事实上，对信息的筛选、分析、综合、评价能力并不只是在课文学习中发挥作用，也不仅仅存在于英语学习中，而是一种在各个学科的学习中都需要的学术能力。

批判质疑、理性思维、明辨是非的科学精神，已被列为中国学生发展的核心素养之一，这体现了教育应有的变革和学习应有的改进。在互联网时代，泥沙俱下的信息快速传播、扩散……我们每天都要面对铺天盖地的信息，因而特别需要培养质疑和明辨的能力，培养思维的独立性、批判性，学会分析、评价、质疑、取舍、升华、创新。思考不能只有速度和广度，更需要有深刻性、准确性和独特性。一些大学生拥有大量碎片状的知识或信息，但表达出来的内容却空洞乏味，这通常与批判性思维能力的缺失有关。大学生应当有意识地训练自己的批判性思维能力，让批判性思维能力成为一种本能，努力成为卓越的思想者和创造者，以及人类文明的推动者。大学英语思政教学深入挖掘英语中的思政元素，通过课程思政的开展，学生可以提升自身的意志品质。

（三）建设一流“金课”的需要

教育部高教司吴岩司长提出课程是“立德树人成效”这一人才培养根本标准的具体化、操作化和目标化，建设中国“金课”要按照“高阶性、创新性、挑战度”标准。而“创新性”要求课程内容具有前沿性和时代性。打造高校“金课”，不仅可以提高到课率、抬头率和点头率，还能使思政的教学内容真正入耳、入脑、入心。

1. 建设大学英语金课的原则

（1）教育性原则

教师首先要明确课程教学的目的。在这里要特别指出的是，要尽可能区分思政课程与课程思政教育性目的的差异，既不能把思政课程上成知识或技术技能传授课程，把思想政治教育降低为在传授知识或技术技能的同时附带完成的任务，也不能将课程思政上成了思想政治教育课程，即把思想政治教育上升到课程教育的主要目的，把专业知识或技术技能传授降低为在进行思想政治教育的同时附带完成的任务。这两种倾向都是不对的。所以，我们应在明确课堂教学教育性目标任务时要做出比较精准的区分。

（2）实用性原则

课堂教学的实用性是指课堂教学中教师所传授的知识、技术有实际使用价值。同一所高校的不同学科专业在实用知识、技术方面有较大的差异，如人文社会科学方面的学科专业更加强调软知识、软技术对学生观念、思维等方面的启迪；理工农医方面的学科专业更加强调硬知识、硬技术对学生毕业后从事相关工作的作用和意义。

增强高校课堂教学的实用性，首先需要解决的是思想观念问题。受实用主义文化传统的影响，一些外教教师对实用性的价值和意义都有充分的认识，因此，他们在选择教学内容时会不自觉地偏向实用性的知识或技术，并会努力强化教学的实用性。教师不仅会自觉地认同教学的实用性，还会积极强化教学的实用性。学生也会自觉地接受实用性的教学内容与教学方式。

增强课堂教学的实用性，离不开实用性课程体系的构建。课程体系的构建是一个哲学基础问题。这个问题解决不好，课程体系的建构者就会迷失方向，甚至会出现群体性课程内容选择的偏差。课程体系的哲学基础包括学科中心主义、学生中心主义和社会中心主义。

（3）丰富性原则

课堂教学的丰富性，首先，应该是指课堂教学内容的丰富性。其次，是课堂教学形式的丰富性。课堂教学内容固然重要，但是也离不开好的课堂教学形式，如讲授课、讨论课、辩论课等。高校的课堂教学在追求课堂教学内容丰富性的同时，也强调课堂教学形式的丰富性，只有内容与形式都具有丰富性，才能真正凸显课堂教学的丰富性。

（4）思辨性原则

高校课堂教学的思辨性是指在高校课堂上，教师与学生通过巧妙、积极的教学互动，及在由此生成的特定教学情境下的思维碰撞而体现出的思辨深度。思辨性思维具有不断质疑、主动思考和有目的地判断的特征，不仅紧密相联，还呈递进状态。我们只有不断质疑，才能够引发思考，只有主动思考，才能做出有目的的判断，并最终达到理性的决策，完成思辨性思维的整个理性判断。

高校教育者在构建思辨性思维教育体系时，不仅要考虑中国特色，还要考虑不同类型高校之间的差异，即类型特色。因为不同类型的高校其思辨性思维教育体系的内涵及表现形式也会有特殊性。

要培养学生的思辨性思维能力，教师就必须改变现状，与学生多交流。只有在课堂上发生了对话或争论，才能称为好的课堂和教育。当然，每所高校的办学理念不一样，各种资源和条件也不一样，具体采取什么样的思辨性思维课程教育体系，需要结合学校的实际情况进行研究与探索，不能简单模仿与移植。

2. 建设大学英语“金课”的路径

（1）基于文化输出视角的“金课”建设

中国文化可以通过打造一门英语学科的“金课”，来深挖中国文化核心理念，并与英美国家的价值观进行对比，让学生充分感受到中国文化精神和知识中所蕴含的智慧财富。

①大学英语和中国文化输出的关系

在中国文化输出的背景下，英语学科发挥着关键的作用。文化输出可以通过书面形式或口语的形式进行。中国经典书籍的英译，如《西游记》《红楼梦》等就是书面形式，也是文本形式，口头形式则是日常生活中的交际交流等。近年来，我国经济飞速发展，吸引了不少外国留学生来留学深造，因此，在高校校园里，中国的学生们需要与外国留学生进行互动交流，但据研究显示，多数中国大学生缺乏与留学生的沟通技巧与话题。传统大学英语课堂中所涉及的中国文化内容也较为有限，学生在想要用英语探讨中国文化习俗时，也因为词汇匮乏而难以清晰地表达自己的想法，尤其在与留学生交流时更为困难。在推进“中国文化输出”的背景中，我们需要重视培养学生的跨文化交际能力，构建优质的大学英语“金课”。英语教师应该注重传授中华优秀文化，在教学内容中融入中国文化元素，让学生在日常生活和交流中自然地体验到中国文化的魅力，从而进一步推广和宣传中国文化，让中国文化“走出去”。

②文化输出视角下大学英语教学模式改革

通过改革以往传统大学的教学模式，以推行“金课”的教学模式。改革下推行的“对分＋翻转”教学模式中“对分课堂”将教学分为三个部分，分别是教师讲授、学生课后消化和吸收，师生和生生之间进行相互交流和讨论。

为了促进中国文化输出及学生英语应用能力的提高，大学英语“金课”课堂打造应遵循以下几个步骤：首先，明确教学目标，旨在通过新的教学模式将语言学习与跨文化交际能力培养相结合，以达到同时提高大学生中国文化输出能力与英语应用能力。其次，在对分课堂中，教师使用英语为学生阐述中国文化的内容，并勾勒出主要内容和难点，以确保中国本土学生和留学生都能够充分理解。在课后，学生可以通过观看微课来补充他们的课外文化知识，并且记下他们所遇到的问题。在第二堂互动课中，学生是主要的展示者，老师激励和指导学生展示他们自己的学习内容，同时探讨彼此学习中遇到的困难和问题。这样可以提高学生们的学习效率和积极参与性。最后，应充分将课堂讲解与多媒体技术有机结合。在课堂教学中，学生可以以小组为单位，通过使用PPT来展示和分享自己所学的内容。在此期间，教师可以组织中外学生参观文化博物馆并组织文化表演等，以达到全面提高学生书面和口头交流能力。

③文化输出视角下大学英语教学创新

根据“金课”的教学特点和学生的需求，探索英语教学内容的改革创新。以“festival”为例，在大学英语教材中包括了“Western festival”和“Chinese festival”这两个方面的知识点。在以前的英语课堂教学中，如果老师让学生用英语详细描述自己所熟悉和喜爱的国内外节日，学生在描述西方节日时表达得较为自如，而在描述中国节日时则稍显吃力。这是因为在过去的英语教学中，很少有教师教学生有关中国文化的词汇表达，导致学生在表达自己对中国节日的喜爱时，难以运用恰当的词汇，出现了逻辑混乱的情况。

针对这种情况，教师可在上课前指定“festival”作为主题，让学生通过网络搜索了解中西方节日的相关知识，了解各节日的传统习俗及正确的英语表达，帮助学生更好地掌握这方面的知识。学生在课堂上利用PPT向大家展示他们所搜集到的节日知识，包括节日的来历、故事以及习俗等方面。在进行教学设计时，教师需要以学生的视角出发。比如，设计一个任务让中国学生用英语向外国留学生介绍中国节日文化，然后通过发送问卷的方式来评估留学生们对这些节日文化的理解情况，以此来考核学生的学习效果。

（2）打造线上线下混合式金课建设模式

①创新适切的教学设计方案是建设混合式“金课”的核心环节

在当前教学材料丰富多样、教学课时有限的情况下，必须创新设计教学计划，合理地安排教学资源和内容，以实现教学效果的提高，并打造高品质混合式“金课”。根据“金课”标准，以大学英语为例，教师应该进行整体的教学设计，针对每个教学单元的主题和意义进行静态内容分析和动态的学情分析。教师确定好单元整体目标后，将所有涉及的知识点进行细化，拆分成独立的完整知识点，并录制微视频，建立好线上学习资源库。

课堂教学前：教师会提供教学资源并布置预习任务，同时还会加入启发性或研讨式的问题，要求学生观看线上课程，线上课程包含主题导入视频、词汇视频、课文结构视频等，学生需要完成相关练习，以便充分预习课文、思考问题、理解文章主题意义，并提出自己的疑问。教师在此过程中引导学生，指导他们，鼓励他们提出问题并提供答案。当学生充分准备授课内容后，这可以为之后的课堂师生互动和文章主题深层挖掘奠定基础。

课中线上线下结合：让学生提前观看知识点视频、查阅资料、互相交流，以便学生在上课前对该单元的知识有一定的了解。在课堂教学过程中，教师的主要任务不仅仅是检查学生的预习情况，更重要的是解析课程的关键难点，发掘主题的深层含义，用启发式的教学方式引导学生开展批判性思考。教师通过讲解关键词汇和句型结构，灵活应用拓展阅读、翻译、写作等技能，并激发学生对“What”“Why”“How”三个方面问题的思考。教师通过多种教学方法，如举办辩论会、小组沟通合作等，引导学生探究和表达自己的想法，并鼓励学生运用批判性思维，深度理解和反思所学知识。除此之外，在教学过程中，教师还可以应用线上资源来保持课堂秩序，并且丰富教学活动，如线上签到、线上答题等。

课后线上拓展：教师应在课后为学生答疑解惑、提供辅导。学生可以随时随地观看单元知识视频，加深对课堂所学内容的理解和掌握；教师设计在线作业、小型模块测试和单元测试，让学生能够在教材、线上课后作业和自我学习材料中运用所掌握的阅读、翻译和写作技巧。借助在线测试，学生和教师都能实时获得反馈，教师可以对学生掌握的知识深度和应用能力有更清晰的了解，帮助教师发现不足与改进教学；同时，教师还可以充分利用网络资源的优势，通过提供一系列拓展素材和学习平台，如批改网、WElearn 平台、FiF 口语训练系统、精品课程等，来加强学生所学知识的应用与迁移能力，丰富专业知识结构，开阔专业知识视野。通过教学云平台的后台数据，教师能够全方位地了解学生的学习情况和动向，及时反思课堂教学。

②打造高效的教师团队是建设混合式“金课”的重要基础

要实现高质量的高等教育，必须建立优秀的教师团队，这也是建设混合式“金课”的重要基础之一。要想“金课”实现可持续发展，就必须致力于培养素质高、效率高的教师队伍。“金课”实现可持续发展，可以从以下三个方面入手，以满足大学英语课程的特点，不断提升教师队伍的质量和效率。

第一，应该加强教师的专业素养和道德操守的培养，加强师德师风的建设。教师应该坚守自己的政治立场，对党和教育事业保持忠诚。在大学英语课程的教学过程中，讨论中西方思想文化的差异是必不可少的，教师应该引导学生在深入了解西方文化的同时，也要保持对社会主义理念的坚定信仰，树立文化自信；培养学生的批判性思维能力，让学生能够在尊重不同文化价值观的前提下，积极寻求共同点，包容差异。同时，要引导学生融合东西方思想，提升对多元文化的感知和理解能力。作为大学英语教师，除了注意教书育人的职责外，还应该在培养学生的过程中，种下责任的种子。教师必须用心备课，上好每堂课，帮助学生培养英语综合能力和跨文化交际能力；启发学生多元思维，培养国际视野；帮助学生发展良好的个性，确立正确的人生观和价值观。

第二，立足课堂，提高专业水平。除了扎实的专业基本功和一定的教育理论知识之外，大学英语教师还应该具备多种专业能力，如课堂组织能力、学习能力、反思能力、研究能力和现代教育技术能力。每位教师都应该全身心地投入教学中，认真研究教学目标，逐步落实课堂教学目标任务，认真准备教学内容，创新教学方法，并合理科学地进行考核评测，做好教学反思工作。除了关注学生的学习，教师还应该致力于提高自己的科研素质，推动自己的科研能力不断提高。课堂教学涵盖广泛、内容繁多，充满生气，也是复杂多变的。教师通过不断地发现和解决问题，不断反思和总结，将自己的学术研究应用于大学英语教学。

第三，优化结构，实行互动机制。大学英语教学团队应具备合理的成员年龄和职称结构，同时要注重知识、素质、能力方面的互补，使教师在团队合作中发挥各自的长处，且甘于奉献。在拥有专业基础和业务支撑的情况下，合理安排工作流程和团队结构，形成一支具备先进理念、分工明确、高效运作的优秀团队。另外，高校应该加强“金牌教师”团队的培育，以提高整体教学和研究水平；建立“鼓励—鞭策”的互动机制，以提高团队的凝聚力和实施能力。

（3）大学英语“金课”和课程思政共同建设

为了成功推行大学英语“金课”和课程思政，需要对大学英语的师资队伍、教学目标、课程定位、教学模式、教学设计、教学方法、教学评价等方面进行系统的设计和建设。大学英语“金课”建设目标旨在提高教学质量和英语综合能力水平，并且拓展到课程思政领域，旨在通过英语教学和思政教育相结合，潜移默化地影响学生树立正确的人生观、价值观和世界观，实现立德树人的根本任务。

①塑造新教育思想的大学英语教师团队

在推进“金课”建设和课程思政方面，教师团队建设是必不可少的。首先需要组织教师参加相关培训、讲座、沙龙等，帮助他们更新教育理念，深入理解“金课”和课程思政的建设内涵，提高教师的综合素质、品德修养和爱国情怀。引导教师树立正确的“以教师为主导，以学生为主体”的教学理念，实现“育人先育己”，以此凸显课程特色，提高课程内涵。同时，我们希望将传统的以知识传授为主的传统教学模式转变为注重培养学生英语综合能力的教学模式，通过言传身教，激发学生的爱国情怀和民族自豪感，培养学生做到“四个意识”“四个自信”“两个维护”。教师应该具有正确的人生观、价值观和世界观，成为学生所尊重的榜样。教师应该对自己的职业充满热爱，为学生树立起有理想、有信仰、有情怀、有担当的榜样，做学生健康成长的引路人。

②融入课程思政的大学英语的课堂教学

在大学英语的课堂教学中融入思想政治课程的元素，不仅能够提高学生的英语学习兴趣和英语水平，也能够引导学生更加重视意识形态和社会主义核心价值观的学习和实践。相关教育工作者可以从中国传统文化和元素中挑选合适的英文翻译，并在编写校内教材时使用，这样在教学过程中就可以贯彻思想政治教育的理念。

如果校本教材没有合适的，那么现有的大学英语教材内容通常会使用英语为母语的作者的文章，重点介绍西方政治、经济、文艺和科技等方面的内容。教师应按照立德树人的根本任务，发挥主观能动性。教师需要通过中西对比，对课堂教学进行改革。在解读课文和讲解知识点等环节中，教师应融入思想政治教育的要素，传播社会主义核心价值观和理想信念，培养学生正确的价值观、社会责任感、道德情操，以及增强学生的中国文化认同感。这样做可以同时实现英语教育和思想政治教育的双重目标。

③结合专业特色打造金课

"一带一路"倡议对我国高校大学生英语应用能力提出了更高的要求。我们需要打破传统的外语教学方式，采用多元文化构建的理念来促进中国历史文化和世界文化的和谐融合，用英语讲好中国故事，传播中国文化。大学英语课程在提高学生的科学素养和解决问题的能力的同时，也要培养学生成为能够传播中国文化传播大使。教师团队应针对中国文化在英语写作中的失语现象，进行大学英语写作教学中母语文化教育的尝试，探索出了一种母语文化教育的方法。他们致力于让大学生能够在英文写作中融入中国文化元素，讲述中国故事，传播中国文化。

④建立以评促学、思政融合的教学评价体系

为了推进大学英语"金课"建设，需要建立一个多元化、过程性、以评促学的教学评价体系。教师通过练习题、翻译、作文、口语、阅读、视频解读等多种形式的评价方式，通过教师点评、生生互评以及学生自评等评价模式，培养学生的良好习惯。

三、课程思政在大学英语教学中发挥的作用

在高校大学生英语教学过程中融入思想政治因素的价值是显而易见的，它不仅可以帮助学生在英语学习过程中找到思政与英语之间的联系，还可以帮助其通

过英语学习提升自身思想觉悟，树立正确的世界观、价值观及人生观。

（一）能够提升学生的学习兴趣

一些高校大学生对思想政治课程缺乏兴趣，这是造成他们思想水平难以提升的主要原因之一。虽然目前所有高校都把思想政治课列为必修课，还配备了专业教师授课，但由于教学内容过于抽象和理论化，这使得学生的学习热情并不高涨。因此，学生的成绩表现并不理想，而学到的知识也难以实际运用。相对而言，与思想政治课程相比，大学英语教学拥有多种优势，如教学的案例更为丰富、教学内容更具灵活性等。因此，将思政内容融入英语教学中可以有效地激发学生学习的主动性和积极性。

（二）能够提升学生英语综合运用能力

大学英语的实践性较强，学生需要不断开展创新实践活动，以提高自己的英语水平。当前，一些大学英语教师仍然习惯使用传统教学模式授课，教学方法过时，教学内容也没有跟上时代步伐。这使得学生很难将他们学到的英语知识转换为实际技能，缺乏实际应用技巧。教师可以在授课过程中融入一些思政元素，可以更好地解决这一问题。教师将时下社会热点融入课堂教学，不仅有助于提高教学效果，增加活动主题的灵活性，还有利于活动内容更加贴近实际。另外，思政元素包含着引导学生积极参与创新实践活动的思想内容，将思政元素融入英语课堂中，有助于激发学生不断探索与创新的精神，促使其能力全面提升，这对于培养应用型人才有较大的推动作用。

（三）能够提升学生的思想觉悟

学习英语的最终目的不是仅仅理解单词的含义或是阅读英语文章，而是要让学生掌握实际运用英语的能力和技巧，这也是“大学英语核心素养”的基本要求，其中包括“语言能力”和“学习能力”。另外，“大学英语核心素养”注重培养学生的优秀思维能力和“文化意识”，在塑造品德和意志力的同时，强调对于世界各地文化差异的掌握和对于杰出文化的认同，以此提高学生的民族文化自信。因此，在大学英语教学中加入思政元素，可以使学生在学英语的同时接受思想政治教育，从而逐渐提高学生的思想觉悟。

第三节　高等院校英语教师课程思政教学能力建设

在立德树人作为教育主旨的前提下，我们需要着眼于我国高等教育以及高校外语教育的新发展趋势，针对目前高校外语教师推进课程思政所面临的突出问题，通过突破外语学科特点的教学方式，全面提升外语教师参与课程思政实践的素养和能力，以此实现课程思政建设的现实性目标。

一、高等院校英语教师课程思政教学能力的内涵

（一）课程育人价值的认知能力

要使课程思政有效地开展，高校英语教师必须首先明确课程本身的育人目标，并从心理上认同每一门课程协同育人的理念。所以说，在进行学校教育的时候，课程并不只是关于知识本身的传授，也不仅仅关乎学习者的智力水平的提升，在更深层次上，课程扮演着培养未来社会和国家人才的重要角色，以上也是课程的本质。因此，高校中的英语教师必须充分发挥"社会代表者"的作用，清楚明白他们教授的课程具有培养学生责任感和社会意识的价值，以及他们是实施课程思政的重要动力与最核心的课程思政教学的能力所在。

（二）课程思政元素的分析挖掘能力

教师进行课程思政的物质基础就是思政元素。普遍来说，高校中英语的思想政治元素往往是不容易被发现的。英语教师只有通过挖掘并采取特定的措施，才可以对课程进行思想政治引导。教师从思政角度出发，发现课程里面的思政元素，实际上是在重新设计课程的内容和形式。教师应该善于找出课程当中潜在的时代道德理念并使其充分展现出来。以上理念涵盖了个体对国家的热爱、社会的承担以及道德、法律认知等相关的内容。教师需要不断反省与专注于自身的品德素养，将发现思政元素这方面的能力进行提升。

二、高等院校英语教师课程思政教学的 SWOT 分析

SWOT 分析法是一种有效的方法，能够帮助人们更加客观、更加精准地去对

企业与个人的现实状况进行分析。SWOT 中“S”为优势（strength），“W”劣势（weadkness），“O”为机会（opportunity），“T”为威胁（threat）。为更好地将大学英语课程与思政教育相结合，将优势进行扩大，规避劣势，高校应该对大学英语教师的课程思政教学能力进行提升。

（一）高等院校英语教师课程思政教学的优势分析

第一，高校中的英语教师在专业教学的能力应该具备，把握与熟知英语国家的人文、社会、历史、政治等方面的知识，并且能够对中国与外国的文化差异有一个清晰的认知，这样他们在开展课程思政教学的时候，才能在国际视野上更加广阔，能够为学生提供优质的指导。

第二，有非常多的英语教师拥有在国外进行进修或者学习的实践，建立了广泛的学术和人际关系网，有着与时俱进的国际与政治资料。他们的思维方式独特，爱国心强烈，可以培养学生良好的思维模式。

（二）高等院校英语教师课程思政教学的劣势分析

1. 大学英语教师的思政理论知识需要进一步完善

尽管大部分英语教师都接触过时事政策等理论知识，然而他们需要更深入、更系统地了解这些内容。特别是在回应抹黑中国的部分言论的时候，他们需要提高理论素养，并扎实自身的理论基础，不断进行丰富与提升。

2. 课程思政教学能力和认知度仍需深化

有一些英语教师在意识到大学英语课程思政的重要性和责任方面有所欠缺，导致课程思政教育的主动性并不是很好。部分教师即使意识到其关键性，却因为能力有限，导致教学的成效并不好。

（三）高等院校英语教师课程思政教学的机遇分析

在高校的英语教学中，思政建设已经得到了学者们广泛的认可，并且外部的发展环境也十分有利。习近平总书记强调，“各门课都要守好一段渠、种好责任田，使各类课程与思想政治理论课同向同行，形成协同效应”①。2020 年，教育部发布了文件《高等学校课程思政建设指导纲要》，其中指出了课程思政建设的重要性、

① 中小学教师要守好“课程思政”的责任田 [EB/OL]. 中国教育报（2022-12-22）[2023-09-06].https://baijiahao.baidu.com/s?id=1752883801169160418&wfr=spider&for=pc.

建设的主要内容与怎么样进行建设等核心问题。2021年教育部发布了《关于深入推进高校课程思政建设的通知》，强调了高校课程思政建设的具体内容和方法要求。同时，课程思政研究得到更多关注与支持，越来越多的专项项目涉及课程思政，研究也在不断深入。

（四）高等院校英语教师课程思政教学的挑战分析

信息化背景下，学生能够通过多种途径获取信息。大学生会自觉重视与关心国家政策方针以及时政要闻，以上也就对大学英语教师提出了更高的要求。教师必须跟上时代的步伐，提高自己的学习能力，这样将会更加有助于实施课程思政教育。同时，高校英语教学所涵盖的思想政治教育从某种角度来看，存在虚假表面的情况，同时也遭受了贴上标签的指责，这种情况影响了其应有的育人效果。

三、高等院校英语教师课程思政教学能力存在的问题

（一）课程思政建设意识和本领仍然不足

从目前高校外语教师推进课程思政建设实践的情况来看，课程教育教学环节仍然以知识传授和技能培养为主，思想引领与知识技能培养“两张皮”，课程思政乏力甚至缺位的现象仍然突出。此类现象与课程思政建设起步晚导致的理论与实践经验不成熟、制度机制建立不完善、评价方式与培养目标脱节等一系列问题息息相关，这些是由多种综合因素导致的。但从教师因素来看，主要是由于教师在实践过程中缺乏应有的主观意识和能力素质引起的。

1. 意识层面

高校外语教师课程思政建设意识和本领不足，核心是缺乏在教育教学环节中推进课程思政、落实立德树人的自觉意识。从表象上来看，主要体现在以下三个方面。

一是教师缺乏主动挖掘、发挥课程育人功能的自觉意识。教师对立德树人的认识不够，理解不深，因而缺乏开展课程思政实践的思想支撑和信心支持，将知识传授与技能培养视作教育教学的唯一目标，不能够自觉挖掘蕴含在语言信息和文化元素中的育人资源，以较为功利的视角将外语课程单纯简化为语言结构与文化知识灌输。

二是教师缺乏端正角色定位的自觉意识。外语教师最终实施怎样的外语教育，与其对个人定位的理解息息相关。目前存在的主要问题是，一些外语教师将自己视作单纯知识与技能的传输者，没有认识到教师在学生成长成才中的引导、支持作用，不能自觉实现从“经师”到“人师”的角色定位转变，仍然将思政育人视作思政教师的“专门职责”，导致其在日常教育教学环节中对自身的育人功能发挥不足。

三是教师缺乏开拓创新的自觉意识。课程思政建设的推进为高校外语教育带来了全新挑战，是对以往拘泥于知识传输的教学模式的一次革新。对于新情况、新任务带来的挑战，一些教师出现了畏难情绪，对新要求、新方向采取回避或者忽视的态度，缺乏开拓进取的魄力，不能够自觉根据课程思政建设的要求对原有教学思想、教学内容、教学模式进行合理调整。

2. 从能力素质方面

一是教师缺乏过硬的思想政治素质。行为示范，学为人师。教师的思想政治素质既可以显性地体现在言传身教中，也可以隐性地寓于教学设计、内容、考核等教育教学全过程之中，从而对学生的思想引领和价值观养成造成影响。个别教师思想政治素质不高，导致其在教育实践过程中偏离党和国家的教育宗旨，甚至出现宣传错误价值观、宣扬错误思想的极端现象，对学生世界观、人生观、价值观的正确养成造成巨大损伤。

二是教师缺乏辨别信息是非对错的能力。由于外语学科的特殊性，无论是在课堂教育教学还是课后自主学习的过程中，学生都面临着海量外国信息的输入。纷繁复杂的信息中不免包含着虚假扭曲或者错误不实的负面元素，一些教师缺乏应有的信息甄别能力，为错误信息的输入留下了空间，从而埋下教育教学环节的信息隐患。

三是教师缺乏有效挖掘课程思政育人资源的能力。外语教育作为人文社会科学的一环，本身蕴含着丰富的育人资源。然而，部分老师在众多教学信息内容面前，会感到力不从心，只关注语言知识本身，对里面潜在的思想元素并没有加以重视。所以说，他们无法发现里面具有教育意义的知识资源，导致英语课程沦为一堂单纯的语言教学课程。

（二）课程育人理念认识不足

高校中的英语教师对于培养学生人文素质的任务意识不够充分。即使教师普遍积极参与课程思政教育活动，但是仍然会有部分教师没有把思政育人的重要性明确地融入他们的教学目标中。他们认为，英语老师的主要焦点是帮助学生学习语言知识与提高语言技能。所以，基于此教师需要帮助学生去提升各种各样的学习技巧，以提高其学习效果。他们认为英语教师的教学目标就是去提高学生的语言理论知识与实践运用的能力，帮助他们获得知识。从这个角度来看，我们可以发现英语教师在教学过程中过于注重语言学习，而缺少对大学英语课程的育人功能的认识。所以说，他们在开展课程思政方面缺乏积极性与创新性，这显然会对教学成效造成一定不良影响。

（三）学科融合不够深入

在当前情况下，英语课教学效果受限的主要原因是，教师在把课程思政融入课程时，不能科学与学科知识进行整合。在教学过程中，没有完全理解两个主题有着怎样的关系，只是简单地进行了讲解，造成了学生英语思维受限，学习能力不能充分发挥的现象，学生的综合素质因此也不能全面提升。所以说，教师应该对自身的思想观念进行更新，创新育人方法，意识到课程思政的重要性，进而实现教学成效的有效提升。

（四）思政教学方式生硬

高校英语教学在课程思政方面存在一些问题，包括不够关注学生需求、教学内容的展现方法不够吸引人、思政任务的设计上不是很科学、教学考评并不能与课堂知识相整合。教师在实施课程思政时，并不能站在学生的角度去思考问题，教学方式显得有些僵硬，有时候会出现过于强调思政而偏离了教学的问题。英语老师在对思想政治课后任务的制定上，常常是让学生查找与之有关的内容，或是对相关的书籍文本进行查看。然而，学生对以上作业的完成度并不高，并不能引起学生的兴趣。教师所组织的渗透思政主题的第二课堂活动，例如辩论等，学生可能会觉得这些话题过于高端，从而导致他们对参加活动的热情不高。

尽管在英语教育领域，教师已初步认识到课程思政的重要性，但实际上在教学活动实际进行时，并没有足够的创新性，实践效果也不佳。教师在英语学习环境的营造上缺乏一定标准度，造成了学生被动性参与，表现不积极等现象，这就在一定程度上限制了学生对英语文化的了解与认知，导致在学科素养建设方面形成阻碍。并且，在进行英语教学的时候，教师在开发和应用培养学生的各种素养方面也存在着一定的制约。

四、提升高等院校英语教师课程思政建设意识和能力的路径

（一）全面深化认识，找准目标方向

要增强大学英语教师的课程思政教学能力，最关键的是要深入了解课程思政的本质和内涵。教授大学英语的教师应该专注于以下几个方面。

1. 全面系统理解课程思政的内涵和要求

教育部高等教育司发出的《关于深入推进高校课程思政建设的通知》指出，课程思政旨在将助力学生塑造正确的价值观、提供知识传递和培养实用能力的方式有机地结合起来。高校英语课程的思政教学，要在课程设计、教学过程、教材编撰、科研探究等方面，均需符合以上三点标准。并且，课程思政具有鲜明的新时代中国特色社会主义教育特征，因此课程思政建设需要长期坚持不懈。

2. 明确大学英语课程思政的内容和任务

根据教育部发布的《高等学校课程思政建设指导纲要》，在文学类课程中进行思想政治教育时，“要结合专业知识教育引导学生深刻理解社会主义核心价值观，自觉弘扬中华优秀传统文化、革命文化、社会主义先进文化。”。高校思政教学的目的就是培养高校学生的爱国情怀、道德修养、社会主义核心价值观、中华优秀传统文化和革命文化的知识，让他们的理想信念变得更加坚定，使他们在英语学习中保持坚定的立场。同时使他们针对外来的文化能够有着精准的认知，以批判性眼光看待事物，加强大学生的政治意识、思想一致性和情感连接，从而引导他们始终树立“四个自信”。

3. 避免大学英语课程思政教学进入误区

当前，课程思政教学存在教学目标不清晰、思政元素融合不自然或杂乱无序等问题，因此我们需要在整合和融入思政元素上下更多功夫。一方面，可以通过深入分析英语教学中可以涉及的时事热点和思想政治元素，以特定教学内容为

依托，采用适合的教学方法（例如翻转课堂等），有效将思想政治元素进行整合，提高课程思政的教学成效。另外，需要明确每门课程都承载着重要的思政教育因素，因此在高校英语教学中必须将发现思政元素视为关键与核心。举例来说，英语中“I”（指“我”）总是用大写字母来表示，这种用法反映了西方人善于展现自身价值的观念，强调个人英雄主义，比如像“007 詹姆斯邦德”“美国队长”这些形象。在我们国家当中，不仅推崇先进时代的理念，也特别关注平凡也伟大的人，如快递员等等，我们号召每个人都要将自我整合到更大的集体中。

（二）发挥党组织整体功能

1. 充分发挥宣传教育功能

教师的思想政治状况对学生的影响十分深远，要开展好课程思政，对学生进行思想和价值引领，教师必须具备过硬的思想政治素质。党组织要切实加强和改进教师思想政治工作，以教职工政治理论学习、主题党日、系部教研活动为主渠道，创新形式、丰富内容，切实提升教师思想政治教育实效。外语教师要特别注重将理论学习与学科专业结合起来，要在意识形态等重点领域下足功夫，同时也要注重对中国传统文化鉴赏能力的提升。

2. 充分发挥党支部的战斗堡垒作用

将党支部作为贯彻党的教育方针、推进课程思政建设的战斗堡垒，组织党员教师建立党员学习小组、示范课程研发小组、课程思政理论研究小组等，使教师深度参与课程思政实践，充分发挥党员教师在课程思政实践中的先锋模范作用。

3. 充分发挥示范带动作用

坚持将支部建在系部上，推进党建与事业融合发展；充分发挥党员教师的“双带头人”和示范引领作用，通过组建课程思政教研团队、开展党员教师微党课等途径，引导全体教师步调一致，乐于、善于参与课程思政实践。

4. 充分发挥监督引导功能

党组织和党员教师要充分发挥监督功能，对于教师个体出现的错误思想、错误言论等，要勇于指出、善于引导。由于职业的特殊性，外语教师需要经常接触外国思想，个别教师因为政治理论素养不高、政治立场不坚定、思想懈怠放松等，容易受到错误思想的影响，党组织和党员教师要对此及时发现问题，予以纠正。

5. 塑造课程育人的理念

与其他课程相同，大学英语的本质在于通过教授语言知识和技能来培养人才。为了实现这一目标，高校英语老师需要理解课程本质的教育学理论。此外，教师需要认识到转变语言教学只是为了更好地教授语言知识的目的。我们需要从教学内容中提取思想政治方面的要素，将它们纳入教学目标中，以此来达到语言教学的人文性育人目标。并且，放弃英语教师只具备工具性的教学理念。高校英语课程不仅具有工具性功能，还蕴含着深刻的人文内涵，因此英语老师在教学过程中不仅要扮演讲解与示范语言的角色，更需要充当育人角色，实现育人目的。

在英语教学中，教师的目标就是思政教育，在导入步骤上应该不断进行优化。在寻找符合教学目标的文化素材的过程中，教师应有目的地收集材料并巧妙地融入课堂里，通过文化支持，促进学生的有效沟通，建立正确的人文观念，在学习态度上更加积极，思想观念上更加正确，运用个人的知识储备去深入研究英语内容，可让学生拥有较高的学习能力。

（三）创设实践育人条件

1. 完善管理体系

高校应将教师参与课程思政情况纳入教师职称晋级、岗位晋升、评优评奖全过程，细化课程思政考核指标，与教师绩效考核挂钩，将课程思政开展情况纳入教师考核、考评全过程。

2. 增强经费支持力度

高校设立专项经费，用于课程思政教学研究，引导更多教师主动参与课程思政课的开发与学术研究，丰富课程思政建设理论与实践成果。

3. 适当进行针对性政策倾斜

高校要在涉及课程思政项目申报、课程开设等环节，加强政策及部门协同运转的效率，开通“绿色通道”，扫清制度障碍，尽可能优先支持课程思政建设实践，为教师提供更加便捷的实践渠道。

4. 加强课程资源对课程思政的支持

针对外语学科特点，高校应建立以包括世界政治经济形势、中国外交、中国传统文化，以及国内外外语主流媒体音视频资源为主要内容板块的外语教学资源库，为教师提供丰富多样的教学资源，为课程思政的有效实施提供更加充实的信息资源储备。

5. 强化规范性引导

高校应在已有实践的基础上，总结凝练经验，制定系统完善的外语课程思政教学指南、教学规范等指定性、规范性制度体系。针对每门课程的特点，重点对情感价值目标、课程教学内容、重点思政元素等提出指导性建议，系统梳理外语教学过程可能出现的意识形态问题风险点，并提出针对性防控措施。

（四）开辟能力培养渠道

1. 多角度挖掘思政元素

教师应当深入理解思政的内涵和外延，善于发现思政元素，并巧妙地将其展现给学生，从而改变以传授知识与技能为主导的教学方式，重视传递价值观念的重要性。教师在实践教学里，探索思政元素的方法为：首先，英语老师可以将教学内容里的显性与隐性育人元素进行综合性传授，将与文章主题有关的一些价值观进行凸显，让学生能够有效认知与理解宏观价值理念。其次，英语教师可以通过设计教学形式和环节来建立学习共同体。在课前，教师可以发布一些任务，比如查阅相关知识与讨论等；在教学开始时，鼓励学生自愿成为代表，分享他们在课前整理与讨论后得出结论；在文章讲授步骤，为了培养学生的批判性思维能力，可以采取学生反向提问等各种方法。最后，根据大学的人才培养目标，英语老师可以制定一些具有针对性的思政方面的重点内容。

2. 引导教师参与课程思政实践

高校应充分运用团队力量，将课程思政资源开发、实施路径、实践方法等环节作为系部或教研团队的专门业务板块，将课程思政建设作为集体智慧凝聚的成果，集思广益，群策群力，引导全体教师结合个人经验、能力实际在团队中贡献力量；邀请思政教师、辅导员等专职思想政治工作人员开展合作研究、合作备课，进一步确保课程的政治方向和价值取向的正确性，增强思想政治教育的规范性、专业性；充分发挥教研团队的规范督导功能，提高课程思政实践的系统性、规范性、统一性，确保教学呈现不偏差、不走样。

3. 加强业务培训，助力教师专业成长

高校应积极开展校际、院际交流，邀请相关领域知名专家举办讲座，加强实践理论储备，重点关注当前世界形势、我国外交方略、对外开放战略以及大国博弈机制、中国传统文化鉴赏、语言规范与意识形态等与外语教育教学息息相关的方面。

4. 鼓励教师以多种形式参与课程思政实践

除引导教师在原有课程中挖掘育人资源，参与课程思政实践外，高校还要支持教师申报开设特色课程、举办专题趣味讲座、指导学生实践活动等。鼓励其以多种形式多渠道发挥育人功能，如通过开设“中国文学作品翻译赏析”“《习近平谈治国理政》英译鉴赏”“世界经济、政治与文化”等特色课程，丰富课程思政的课程体系；通过举办“用外语讲‘中国故事’”等系列讲座、指导学生参与“我与祖国共成长·外语微故事演讲比赛”等途径，充实课程思政“第二课堂”。

5. 艺术地传递思政元素

在进行课程思政教育时，教师需要侧重学生的实际需求，富有艺术感地将思政理念融入教学中，并从如何提供优质教育的角度进行思考。首先，充分利用启发式教学的方法，例如提问、设置悬念等，加上与之有关的一些图片、音频等资源，艺术性去传达思政元素。其次，善于运用富有艺术性的教学措辞，努力让思政教学的语言表达既有深度又富有感情，以此来引发学生的兴趣和共鸣。再次，教学任务的要求必须具有明确、实际可行的特点。最后，将教学任务与测试和考评相结合。在评估过程中，教师应该考虑思政元素的相关任务内容。

第三章　高等院校英语课程思政教学模式

本章主要介绍高等院校英语课程思政教学模式，包括三方面内容，依次是高等院校英语课程思政混合式教学模式、高等院校英语课程思政多模态教学模式、高等院校英语课程思政翻转课堂教学模式。

第一节　高等院校英语课程思政混合式教学模式

一、混合式教学中的资源分配

混合式教学是将在线教学与传统教学相融合的一种教学方式，既涵盖“线上”教学模式，也包含“线下”教学模式，充分发挥了两种教学方式的优势，能够引导学习者逐步深入学习并达到深度学习的境界。

在施行混合式教学、网络内容与课堂内容相结合的实践中，英语网络资源是尤为重要的一部分，可将其分为两类，其一为教师主导的网络资源，其二为学生主导的网络资源。以这两种资源为基础，教师可以设计相应的教学活动。这两类资源的活动设计都遵循这两个原则。

（1）尽可能给予学生对学习内容与评量方式的控制权。

（2）将网络资源与实体课堂活动密切结合。

（一）教师为主导的网络资源

教师主导的网络资源的混合型教学设计，以面对面的课堂活动为主要模式，并使用网络资源进行辅助。教师设计完整的任务活动，通过引起动机、网络资源使用示范、学生实际使用网络资源、评估网络资源等形成完整的课堂活动，活动设计尤其重视如何提高学生的学习动机，让学生认识到该网络资源与自身学习、生活密切相关。教师对网络资源的介绍应主要放在某话题的意义、其他资源开发方式等方面，之后应当开放课堂时间让学生尝试自行浏览与探索相关网络内容或浏览相关视频。随着学生逐渐掌握如何进一步自主开发网络资源、寻求相关信息，教师应逐步增加学生的“自主时间”，并要求学生对所观看的视频提交学习心得，或者向同学介绍、描述自己搜寻的相关英语资源，即在此活动中培养学生于信息的汪洋大海中较快定位自己所需内容及表述、传达意义的能力。

在利用以教师为主导的网络资源时，教师应当对学习者进行细致观察，根据观察结果多次调整课程设计、授课方式，且战且走，增加备课的不确定性。大卫·李特尔（David Little）指出，为培养学生自主学习能力，教师在课堂中应赋予学生更多权力与责任，鼓励学生参与课堂决策，协助学生反思学习过程，并增加学生用英语与同学、教师互动的机会。在这一课堂权力分享的过程中，教师和学生都要面临角色改变带来的心态压力，对此，应做好协调工作。

（二）学生为主导的网络资源

学生为主导的网络资源形式更为灵活，例如 Blog、微信朋友圈、QQ 空间等，其重点应结合英语的听说读写教学活动，贯穿整个学习过程，并成为学生自主学习的作业形式。学生可以发表自己感兴趣的英语内容，包括音频、视频、文字等，或定期撰写短小的英语文章。同一班的学生可以互相关注彼此的更新内容，可相互评论、提供建设性修改意见，形成网络互动。在这一活动中，所有学生都是独立创作者，可以自行选择感兴趣的主题，撰写英语短文，甚至自己制作英语视频，使学生在展现自己兴趣与特长的同时，磨练英语技巧。教师也应关注学生发表的内容，并进行互动，形成良性的教与学循环。

在进行混合式教学时，教师应当将学生自主学习行为的重点内容分为如下几种。

（1）学习者控制，即观察混合式教学如何影响学生对于学习内容与活动的控制能力的发展。

（2）互信与互动，即观察混合式教学如何影响学习者与教师及其他学习者的互动情况。同时，教师也应对学生使用的各种网络资源进行综合分析。

二、混合式教学模式对大学英语课程思政的价值

采用混合式教学模式具有显著的效用，实施这种模式能够明显提升教学质量，

有利于学生全面素质的培养与课堂教学活动的持续优化，同时还可以切实提高教学成效。

（一）有助于提高学生的创新意识和能力

混合式教学模式注重学生能力的全面发展，而非只重视学生的成绩。大学英语思政课程目的就是要深入探索语言教学中的思政元素，拓展学生思想政治教育的途径。混合教学采取“线上＋线下”模式，让大学生拥有了更多的学习平台。它利用互联网技术，有助于学生资料的自主收集与自主的线上学习。这种模式让学生不管在时间上，还是在空间上更自由，对于学生的创新能力的培养与提升十分有帮助。

（二）有助于改进课程思政的教学模式

在传统教学模式中，老师通常是课堂的主导者；相比之下，混合式教学模式更加注重学生的主体地位。混合式教学模式让课堂变得更加有趣，可以激发学生的兴趣，让他们更积极主动地学习。在混合教学模式下，强调教师与学生之间的相互交流与沟通，可以促进形成积极的学习环境。大学英语非常注重实践性，所以营造相对自由与活跃的学习氛围是很重要的，这个环境有可以帮助学生提高口语水平，同时也能够减轻学生学习的心理压力。此外，采用混合式教学模式将有助于弥补以往大学英语课程思政存在的缺点，例如讲解枯燥乏味、内容贫乏、影响力不够等问题。这种模式能够给大学英语课程思政带来多种模式，以增强课程思政的实效性。

（三）有助于促进立德树人教育目标的实现

混合式教学模式通过互联网技术，给课程思政供给了多元化的教学方式。这种模式可以让课程思政渗透到课堂内外，同时能够与其他学科、领域互相交流融合，让教学成效更好。此外，这还有助于提高学生的综合素质与人文方面的素养，从而实现多元、高质量的培养。混合式教学模式能够很好地协调教育中各主体之间的联系，实现教育协同育人的理念，进而有效地汇聚各方面的力量来推进学校的立德树人教育目标的实现。

三、混合式教学对大学英语教师提出的新要求

（一）及时掌握现代信息技术

混合式教学（Blended Teaching）是数字化技术、网络技术和传统教学方式相结合的新型教学模式。它以提高学生的学习效率为目的，同时又确保教师的主导作用和学生主体地位相统一，这大大改变了传统的教师教学模式和学生认知方式。混合式学习（Blended Learning）是一种将传统课堂学习与现代互联网学习相结合的新型学习方式，教师把浅层认知的知识通过视频、音频和文本等方式让学生在线学习，把知识内化过程放在传统的面对面课堂中，以便于师生、生生的交流与沟通，从而发展学生的深层认知能力，这正是深度学习所要追求的目标。研究表明，相比传统的面对面教学与纯在线学习模式，学生在混合学习模式下更能在学业上取得成功；通过混合学习模式，教师能引导学生积极提高交际、创新、协作等素养。

混合式教学的特点要求大学英语老师及时跟上现代新技术的发展，提高信息技术的使用能力，把信息技术元素融入具体的课堂教学设计与实施过程中。教师要熟练使用各种新的技术手段，学会从互联网下载所需要的资料，学习如何制作慕课、微课。网上交互学习平台便于教师进行教学设计、辅导答疑、作业反馈、师生的互动交流，也便于学生进行课后练习及学习评估。对在互联网环境下长大的大学生来说，教师从自己知识经验的“一桶水”中倒出的“一杯水”已经难以满足他们的需求，教师必须不断更新知识技能，拥有“长流水”。只有教师做出“活到老，学到老”的表率，才能胜任新时代大学英语教师的角色，帮助学生树立终身学习的观念。

（二）不断提升教研理论水平

当今时代，知识更新迭代不断加速，大学英语教师只有坚持学习并且主动参与教学研究和教学改革才能提升自身专业水平和素养，实现教师的自身发展，实现个人自我价值，胜任教师角色。大学英语教师是应用语言学领域最新研究成果的实践者和检验者，有些理论在实践过程中证明并非合理有效。比如近些年流行的任务教学法，比较适合有明确就业去向的英语学习者，类似某些职业的岗前培训，并不适用于无法准确预测未来工作岗位的大一、大二学生。

（三）提高人文素养、沟通技巧、课堂组织能力和课程思政意识

首先，互联网环境纷繁复杂，包含的信息良莠不齐，青年学子判断力较弱，容易受到错误思想的误导。教师自身先要有高尚的情操、敏锐的判断力，才能引导广大青年学生剔除糟粕，吸收那些有利于我们发展的积极进步的精华部分。

其次，在自媒体泛滥的当下，各种信息真真假假、谣言不断、多元价值并存，教师需要不断提升自己，才有能力引导学生积极探求知识、不断磨砺品性，丰富内心世界，培养学生做一个有品位、有理想、有境界的知识人。

再次，学生在线上学习时更容易被游戏、影视剧等娱乐内容所吸引，分散学习注意力，影响学习效果。因此，教师需要加强网络道德和网络规范的引领，培养学生的自我管理能力，避免他们过度沉浸在虚拟世界中。教师需要付出更多的心力去关心学生，而教师对学生的关爱与支持也会有效激发学生内在的学习动力，引导学生自发主动地学习，不断完善自我，提高自主学习能力。

最后，在混合式教学中，教师的大部分时间不是用来讲授知识，而是组织课堂讨论、评价等活动，这更考验教师的课堂组织能力和协调沟通能力。师生之间积极畅通的互动是提高教学质量的根本，也是培养师生良好关系的关键，这还能激发学生的主动性和参与性，促使学生有效地回忆、反思和保持注意力。

因此，大学英语教师需要提高课程思政意识，在教材中挖掘思政点，不但要培养学生的英语综合能力，还要培养他们的批判性思维，增强他们的自主学习能力，提高他们的综合文化素养和文化领悟能力，帮助学生树立正确的人生观和价值观。

四、混合式教学中大学英语教师的角色阐释

在互联网飞速发展的今天，“传道、授业、解惑”已经难以完全诠释大学教师的角色，教师也不再是传统大学教学模式中作为知识权威的传授者和课堂的主宰者。但这并不意味着教师引领和育人的职能被削弱，而是教师角色呈现出多身份化和多维度的特点。在混合式教学模式中，教师是教学活动和课程资源（包括音频、视频、PPT 等）的设计制作者或提供者，也是课堂互动交流的组织者与参与者，还是学生学后进行反思的促进辅助者。学生可以通过各种渠道进行自学，但是如果缺少教师有目标、有计划、有组织的指导，学生获得的可能就是零散的

碎片化知识，难以系统地掌握相关知识和技能，导致事倍功半。《大学英语教学指南》(2017年)指出：教育大计，教师为本。教师理应成为学习的指导者、组织者与合作者，同时还应成为教学成果的评价者以及良好师生关系的构建者等多种角色。因此，在混合式教学模式中，教师角色是多元角色的有机结合，各种角色的存在不是孤立的、单一的，而是共存于显性或隐性的各种教学活动中，共存于一个动态的教学生态框架里。教师各种角色在不同的教学活动中体现出强弱不同的作用，教师的主观能动性恰好就在这种动态中体现出来，并因时制宜地激发不同的角色，使教师可以灵活地调整身份，发挥应有的作用。因而，在混合式教学模式中，教师的角色是多样化的组合，不同的角色不是独立或单一存在的，而是共同存在于各种明确或隐含的教学活动之中，且这些活动协同于一个充满活力的教学环境中。在不同的教学活动中，各种角色都有着不同的作用。教师的主观能动性在这一动态中得以充分展现，教师需要根据情况激活不同的角色身份，以便能够灵活地适应并发挥应有的作用。

五、混合式教学模式下大学英语课程思政的实践策略

大学英语课程思政问题能够有效解决的方法就是混合式教学模式，而要实现这种模式与立德树人的教育目标有机结合，高校需要积极协调各方，集合全方位的各种力量。

(一)构建专业化大学英语课程思政师资队伍

课程思政的主要执行者是教师。大学应当帮助教师提升混合教学技能，让高校英语教学的师资团队更加专业。大学需要定期举办有关课程思政与混合式教学的相关活动，并且在特定的时间限制中举办教学研讨会，探讨在混合式教学模式与课程思政教学中存在的难题。同时，把一些专业的专家与学者请到学校中进行专题讲座，并为老师们提供帮助与培训。当然老师们也应该坚持学习，提升自我，主动建立正确的思想价值理念，提升专业素养与人文素质，成为学生学习的标杆，与时俱进学习课程思政最新成果，深入认知混合式教学模式，紧密联系时事政治，通过形成正确的思想理念和采用新型教学方法，提高课程思政的效果，提升跨文化沟通的能力，拓宽国际视野。

（二）深挖大学英语教材中的思政元素

在课程设置中，思政元素是可以在课程有力地加入课程思政内容的一个切入点。在高校中，英语老师应该善于利用混合式教学的优点，充分发现英语教材里面潜在的政治元素，并根据科学、合理的原则进行选取。老师们应该不断提升教学水平，在探索思政元素的过程中，必须准确把握学科的本质，并能够达到思政教育的要求。在混合式教学中，以简单易懂的方式将大学英语中涉及的中国与外国的一些文化差异和价值观进行比较，并结合各种不同的教学方式来将这些思政元素呈现给学生，帮助学生理性了解与认知世界，从而使学生自发地传播与践行正确的价值观，希望学生在大学英语学习中感受到积极的思政教育。我们鼓励学生用英语来分享中国传统文化与中华美德。教师可以利用教材单元主题开展专题深度学习，引导学生主动深入研究，并借助小组形式在课堂上展示和分享学习成果。

（三）丰富大学英语课程思政实践活动

实践是教育的核心。在高校中，英语老师要依托混合式教学模式，增加多样的大学英语课程思政实践活动。大学英语教师可以在网上设计与课程思政相关的实践活动，结合一些全球热点新闻、时事政治和学生生活等。举例来说，教师可以举办一些视频辩论赛，将中美外交辩论或记者问答视频作为素材，这样就能够在活动中巩固学生上课学到的知识与理念。大学能联合社团与学生会一起举办公益性社团活动，或者思辨式活动，如支教、戏剧表演、非正式会议等。这些活动整体流程都让学生去负责，同时可以让专业性的教师在活动结束后进行指导。借助以上实践活动就可以让学生更加清晰认知思政教育核心价值，辩证判断社会中存在的错误事件与理念，将思想政治修养融入内心，体现在行动中。

（四）协同优化大学英语课程思政体系

课程思政侧重于协同育人，需要多名教师共同配合。高校需要整合多种教学方法，整合各方资源来改进英语教育中的思政系统。在大学中，英语老师不仅要在课堂上积极做好思政工作，还应该主动向拥有出色课程思政成果的同行教师沟通与学习，以便相互借鉴优点，互相补足不足，一起提升教学质量。高校需要加强英语科与别的学科之间的联系，鼓励跨学科的交流互动，高校可以创建一个在线平台，供各专业教师共享教学资源，并能够实施科学有效的协调和规划。此外，高校还可与外部公益机构、教育机构等进行合作，一起探讨和建立有着当地风格与高水平的“大思政”体系，通过这样做，我们可以培养出道德高尚、综合素质优良的人才。

第二节　高等院校英语课程思政多模态教学模式

一、大学英语课程思政多模态教学模式实践

（一）总体设计

1. 教学目的和原则

高校通过多种教学方式和方法，在大学英语课程发现挖掘思政元素，适度拓展课程内容，以激发学生兴趣为出发点，优化评价方法，让思想政治教育的教学效果得以提升，以实现大学英语课程思想政治教育立德树人的目标。想要确保高校中英语课程思政教学的目标的实现、教学成效的提升，必须坚持有效性、互动性和参与度的教学原则。

2. 教学要素分析

（1）教学目标分析

教学活动的方向是由教学目标所导向的，从教学目标开始到教学目标结束。依照2020年版《大学英语教学指南》（以下简称《指南》），在高校中，英语课程思政就是将强调人文价值作为教学目标。具体而言，这个目标表现为两点：其一是在跨文化教育方面，鼓励学生去认知多种文化，加强对中国与外国在文化差异上的理解；其二则在中国文化方面，应该加强学生对其的了解与认知能力，进而传承中国文化。《指南》尤其指出，人文性的核心在于以人类为中心，推崇人的价值，应该进行全面性的教育，促进学生综合素质的提升。社会主义核心价值观需要与英语教学充分整合。所以，高校应将大学英语课程思政目标纳入情感目标中，并结合知识、能力和情感三个方面加以表述。

（2）教学对象分析

大学英语可以说是一门通识课程，往往会在大学一、二年级设置。所以，非

英语专业一、二年级学生是高校英语课程思政教学的受众。大一新生刚来到大学，需要适应新的环境和学习方式，大学英语课程和思政教学为他们树立正确的价值观、修正错误的价值观提供了帮助。大学二年级的学生相对来说具备一定的成熟度，因此适合用来稳固和深化大学英语课程思政教学。

（3）教学内容分析

大学英语课程思政教学依托现行大学英语教材的授课内容，通过教学单元的主题、语篇、语段、词汇、语音和语法等进行思政元素挖掘和相应补充，对学生进行有关中国文化、伦理道德、政治信仰、价值观、学术精神、职业素养和个人修养等方面的教育。

（4）教学方法分析

大学英语教学中，针对不同的教学内容和学生特点需要采用不同的教学方法。为此，我们应该注重多种教学方式的运用，例如讲述法、探究法、体验法和情境教学法等。鼓励教师合理运用这些教学方法，以达到更好的教学效果。传统的教学方式中的讲授法常被教师采用，其优点在于可以快速传播知识，但是也存在一些不可忽视的弊端。如果采用讲授法，学生处于被动地位，教师几乎独自主导教学。所以说，在进行大学英语课程思政教育过程中，老师们需要使用简练的语言，同时融合多元素的方式，例如图片、多媒体、动作等，引导学生主动参与到课堂中去。

（二）教学实施

目前，大多数中国高校使用《新视野大学英语读写教程》（第三版）1—4 册作为主要的英语教材，教材包含了多个领域，如社会、经济、文化等。在第三版中，除了延续前两版的内容外，还添加了一些涉及中国文化与中西文化对比的练习，这对于教师们进行课程思政教学有着积极的作用。

二、大学英语课程思政多模态教学模式设计案例

本书以教科书《新视野大学英语读写教程 1》（第三版）第一单元为例，结合思政教育，采用多模态的教学模式进行大学英语课程的教学设计。

（一）教学目标

依照《大学英语教学指南》与教学规划，并结合大一新生所需的知识水平，制定以下学习目标。

1. 知识目标

学生通过自主学习、教师要点讲解掌握和正确使用与大学学习生活相关英文表；他们也可以学会通过阅读技巧对课文结构有一个清晰的认知，对演讲的文体特征进行了解；借助分析段落中的总分关系，他们还能学习怎么样正确使用主题句与支持句去进行段落的书写。

2. 能力目标

掌握教育对个人成长的作用，培养学生语言的实际应用能力，以及提高学生的主题演讲水平。

3. 德育目标

通过开学第一课的安排，我们旨在帮助学生正确理解教育与青春的含义；使学生从我国一些知名的人物身上能够受到启示，并同自己实际情况相结合，规划未来高校的生活，清晰人生理想，规划自己的人生道路，成就自我。

（二）教学内容

（1）单元主题的理解。

（2）课文的重点单词、短语和句型。

（3）课文的主要内容和结构分析。

（4）演讲的文体特征和技巧。

（5）主题句 + 支持句的写作讲练。

（三）教学的重点与难点

本节课的重点：学习与大学生活和理想、追求有关的语言知识，研究课文结构和写作方式，并根据与之相关的主题进行讨论与演讲。

本节课的难点：在于帮助学生领悟到上大学的重要性，使学生能够对他们的大学生活进行正确规划，从而明确人生目标，为实现自身价值而奋斗。

（四）教学时间

2 课时。

（五）教学环境准备

1. 教具准备

教学课件、自制小组号码牌、小组评议表和手机。

2. 教学环境准备

在课前，学生可以自愿地组合，一般每组有 6 至 10 名学生，每组选择一名小组长。然后，教师在教室中划出不同的区域，引导学生按照小组的安排就座。

（六）教学方法

教学主要采用的教学方法包括讲授法、引导启发法、情景教学法、任务设置法和小组讨论法。

（七）教学过程

1. 课堂导入（Activation）

（1）教学主体：教师或学生。

（2）教学时间：5 分钟。

（3）教学方法：教师用视听导入的方式，让学生观看和听《When You Believe》这首歌其中一个片段，并去了解歌词含义。问一下学生对此歌曲的熟悉程度以及喜爱程度。基于全班学生均明确是《埃及王子》电影中的主题曲，再简单介绍一下电影情节，并让学生利用网络或观影的方式去了解其细节和主题主旨。接着转入重点讲解歌词 Although we know there's much to fear，We were moving mountains long before we knew we could.There can be miracles when you believe.（尽管我们知道有太多的事令人畏惧总得跋山涉水后，才知晓自己能做到，只要你相信奇迹就会发生。）之后，引导学生仿造口译句子：尽管我们知道在大学里有太多的事要学，总得努力后，才知晓自己能做到，只要你相信奇迹就会发生。（Although we know there's much to learn in college，we were moving mountains long before we knew we could.There can be miracles when you believe.）点评后询问学生：Are you ready for the college life？ Anyway，do remember：you will when you believe！ Let's go！

（4）设计意图和多模态协同：多采用口语和音频模式。教师在动听的音乐中开展教学，打造活跃、自由的学习环境。借助听觉刺激充分去调动学生的热情，老师还能够让学生自己在课后自主探究影片的故事，加深他们对于主题的认知，这种做法不只是让学生能够主动去探索，同时还能将课程中探讨的思想和政治原则延伸到后续任务中。同歌词有关系的口译活动，简明易懂，不仅可以迅速引起学生的学习兴趣，还能向学生传递坚持不懈付出就会有回报的信念。

（5）思政要点：信仰、坚持和收获。

2. 信息呈现或新课讲授（Presentation）

（1）教学主体：教师或学生。

（2）教学时间：40 分钟。

（3）教学活动：在第一单元的教学过程中，教师与学生一起开始学习，教师使用幻灯片演示课文的主题。

解释文章的主题有助于学生建立正确的审美观念，主题侧重于人生仅会在争取的思维指引中，未来才会变得更好，然后教师基于此再引导到课文“Toward a Brighter Future for All”中去。

首先，通过填空题的形式来对快速阅读进行练习，引导学生了解课文的文体与主题。

在快速阅读完成后，接着进入深入理解的阶段，指引着学生把关注点集中在文章的思想主题上，并解释主题句与支持句的撰写技巧。

学生慢慢熟悉课程主题后，让他们把内容和结构进行相互整合，并基于文段的结构和功能分析，进一步对演讲的类型与结构进行学习与掌握。

教师依照总结的结构，安排有针对性的结构性阅读作业，侧重于特定段落的仔细学习。借助闪卡游戏、在课堂上发布练习题、小组竞赛等活动形式，来帮助学生学习和测试他们对关键词汇与句子的认知程度与学习成效。

在这个过程中，教师通过答题评估、引用短语和示例句子的方式，进一步帮助学生更深刻地理解教学中的内容与主题，同时对学生传达关于奋斗与感恩等正面信息。

（4）设计意图和多模态协同：本设计旨在通过融合口语、文字、PPT 以及雨课堂等多种模态，借助“头脑风暴”的方式激发学生的思维活力，让他们掌握欣赏与表达能力，从而深刻体悟到文艺、语言和思维的美妙。“白手起家”这些词汇同语言知识学习息息相关，同时和我们日常也有着很大的关联。通过学习这些词汇，还能够向学生传达审美观与正确的价值理念。通过图文结合的方式，激励学生从多个视角去对图片进行深度解读，使他们运用视觉和思维展开口语表达，提高他们的观察能力与表达技能。并且，这也有助于培养学生多面想问题与理性思考的好习惯。教学采用逐渐深入的方式，先是非常快速地进行阅读，然后理解性去阅读，再之后就是结构性阅读，帮助学生掌握不同文体、内容和主题的阅读技巧与知识。在对重点知识进行讲解的过程中，我们采用了多种活动形式，例如闪卡和雨课堂问答，以促进师生之间的互动和交流，达到了事半功倍的效果。

（5）思政要点：明智的美学观念、积极向上的人生态度、努力付出才可以有所收获的价值观、掌握规划大学生活和懂得感恩。

3. 同伴学习（Peerlearning）

（1）教学主体：学生、教师。

（2）教学时间：30 分钟。

（3）教学活动：在这节课中学生将进行与上一节学习内容有关的写作练习。他们将分成小组，彼此之间互助合作，通过小组代表人对文段呈现。教师会提供小组评审表，并指引着学生进行填写，进行评审，然后挑出班内最佳文段。完成后，仍旧借助小组的形式，让学生们围绕话题进行阐述与交流，老师也应该参与到此活动中，并且参与到小组讨论中，进行指导。每个小组结束讨论之后，选取小组代表进行总结陈述，老师对其发表点评。最后，基于段落写作与话题讨论，学生会参与语言模拟实训活动中，老师通过情境模拟，组织学生即兴演讲，同时采用学生互评方式，一起对演讲技巧进行总结。

（4）设设计意图和多模态协同：包括口语、文字、动作和表情等主要模态的集成。小组合作写作既有助于巩固所学知识，也有益于培养学生的团队合作、沟通交流能力，并提升理性思维水平。通过进行二选一的练习与团队合作形式，可以在不减少教学内容的情况下将教学的效率进行提升，增进学生之间的相互合作，让他们更加富有担当，注重团队荣誉。通过对特定话题进行写作，能够开阔学生的视野，促使他们深入思考，并发表自身的见解。例如可以就教育对个体会产生什么样的作用、怎么样评价等问题在名人退学等议题进行讨论。经过以上两组活动的实施，学生对所学知识做到了巩固与把握，并开启了思维的活跃状态。基于此，教师开展即兴演讲活动，给学生充分表现自身与互动学习的平台。由于课堂时间具有一定的局限性，因此可以运用提纲式演讲的方式，这样不仅提高了效率，还能够帮助学生培养应变能力。即兴演讲过程中，学生的肢体语言、面部表情以及学生的面貌特征等同样为思政教育所关注。

（5）思政要点：合作、包容、责任感、荣誉感、辩证评判、自信。

4. 学习强化（Learningreinforcement）

（1）教学主体：学生与老师。

（2）教学时间：12 分钟。

（3）教学内容：观看《恰同学少年》的四个视频小片段。第一段：让学生了解孔昭绶向杨昌济表达的教育是至关重要的，是民族生存和中华强盛的根本（这段视频的长度为约 107 秒）；第二段：陶斯咏透露她和向警予计划参加师范教育，获得学位后计划从事教师工作。她好奇地问表哥是否也有未来的规划（该视频的时长大约为 32 秒）。第三段：陶斯咏目睹了他的表哥给了几个乞讨的人铜板，这说明了他觉得通过教育才能让孩子的未来得到改变，并说明陶斯咏思虑怎么样才能成为对社会有贡献的人物（视频的长度为大约 107 秒）。第四段：表哥在想自身的价值及所能贡献的方面（这段视频的时长大约为 110 秒）。教师要引导学生对这四个当中喜欢的视频展开论述与交流，并按照所提供的模式去解释其中的缘由。

（4）设计意图和多模态协同：主要包括口语、视频和文字三种表达方式。《恰同学少年》是激励人心的一部红色青春剧，电视主角与当前的高校学生年龄相近。这里面，蔡和森、向警予、蔡畅等均为我们国家近代史中的杰出人物，其主角为毛泽东，他是中国共产党、中国人民解放军和中华人民共和国的主要领导者和缔造者；电视中的一些配角同样为历史上重要人物，他们在文化和教育等领域中都有着杰出的贡献，例如伦理学、教育家杨昌济等。四段短视频与本单元所探讨的话题息息相关，包括孔昭绶在教育上的一些看法、陶斯咏针对自身理想同社会进步之间的关联性理解等。这些视频可以对当今大学生产生深刻的启示。通过观看视频，学生可以进一步加深对本单元知识的理解，课程以不经意的方式引导学生比较中西方在教育和大学方面的观点与态度。通过口语表达，鼓励学生将知识与自身经历相结合，从而深入思考问题，加强知识应用能力。

（5）思政要点：教育的意义、学习的意义、人生的意义、树立服务社会的意识。

5. 学习评价（Evaluation）

（1）教学主体：学生与老师。

（2）教学时间：3 分钟。

（3）教学活动：教师总结评价、布置作业和学生自评。

（4）设计意图和多模态协同：主要应用口语、文字和互动课堂等多种模态。老师对学生在课堂上的表现作出总结与评价，并使用雨课堂及时反馈成绩，对成绩优异的学生提出嘉奖，并且列举需要改进的方面，并分配课后任务。除了继续修改小组作文部分、进一步完善演讲稿、回顾已学的知识点外，同时学生应该利用 U 校园预习 Text B 中的新词与主要内容，并在课下对《恰同学少年》电视剧、《Dead Poets Society》电影进行观看，借助 PPT 与雨课堂的形式向学生传输课堂学习自我测评表，以此让学生正确认知与了解自身的课堂成效。对成效佳的学生进行赞扬，为其他学生树立标杆，而自我评价则可以帮助学生深入了解学生自己的优点和不足，从而找出学习上的瓶颈和方向，进一步提升学习效果。

（5）思政核心内容：学习榜样，正确认知自身。

三、大学英语课程思政多模态教学模式的经验

作为一种教学尝试，大学英语课程思政多模态教学模式不乏收获亦有不足。我们依据教学实践，综合课堂观察、问卷调查和访谈情况，针对教学设计和教学情况进行梳理和经验总结，对后续教学的改进和完善具有重要指导意义。

（一）取得的成效

1. *减轻学习障碍、激发学生学习兴趣*

课程思政主要涉及思想、道德和观念等方面的内容。这对于英语水平不太熟练的大学一、二年级学生来说，需要有一定程度的语言能力来理解和表达。部分学生可能对一些内容有所理解，却无法运用英语进行表述。倘若学生对问题都不能认知的话，更难以进行讨论。学生在语言上、理解上均存在一定的难度，无法

达成课程思政教学的目标。同时，学生可能会因此失去对英语学习的兴趣，严重会有厌学心理。多模态的教学一定程度上能将这种局面进行改变。教师通过使用视频和图片来呈现不容易理解的课程内容，同时教师可以加上口述，使得学生可以轻松理解教学内容，避免语言障碍的影响。在教学中，教师可以结合视听、交流等不同的方式去进行教学，使学生认知教学内容，从而确保思想政治教育的顺利实施。多模态教学能够刺激学生的不同感官，使得他们能够参与各种教学活动，同时也为学生提供了更多参与课程的途径，使课程思政教学更具吸引力。教师可以将多种学习方式和多种感知方式相结合，可以增加学生的学习热情，也让学生变得更加自信。

2. 促进思政教育与知识讲授的深度融合

长期以来，怎么样在教学中既注重传授知识，又注重思想政治教育，以及如何避免过分强调思想政治教育而影响知识传授，是教学实践中备受关注的核心问题，同时也是实现优质课程思政发展应该面对的事情。多模态教学中，高校英语课程思政教学聚焦授课内容的单元主题，以教材为基础，保证了知识传授处于关键位置。然而，为了与主题相符合，发现思政元素的范围具有一定局限性。解决问题的核心在于对知识进行讲解的过程中，平衡这满足主体需求与实现思政教育目标这两者关系。考虑到多模态学习的多方面特点，我们以课程为基础，采用多种不同的方式，从各种角度去发现，整合隐性与显性条件，对思政元素充分寻找。这种方法可以使知识讲授与思政教育相互促进，一起发展。随着教学的不断完善，思想政治教育得以更加深入地贯穿其中，促进了两者的密切整合。

3. 营造真实语境、增强思政教学效果

教学中采用多模态教学，让学生被动式学习的方式得到了改变。采用 APPLE 模式进行教学时，教师在引导学生进入课堂内容时会尝试利用多种方式，包括影音等形式。为学生呈现一个更真实的学习场景，以多种方式把思政元素深入、生动地在学生面前呈现出来，借此建立积极的育人环境，让学生产生热情，有助于之后教学工作的进行。在开始新课教学时，教师可以采用多种方式，比如使用图片、雨课堂互动等，把多模态教学与媒介手段有机地整合在一起，以此帮助学生更深入地理解课文的主题，无形之中传达思政教育信息。并基于在学生了解和认知，通过利用同伴进行互助学习，结合写作和口述等形式，加上面部表情、动作等方式，让学生更好地与现实生活联系起来，使他们能够有情感共鸣，相互学习，从而提高思政教育的效果。通过老师和学生的相互学习，巩固学习知识，寻找更多的学习内容，找到与主题关联的其他我们国家具有特色的内容，让思政教育的成效进一步加深。最终通过学习评价步骤，鼓励学生检查并弥补知识的短板，并以客观的方式总结与评价思想政治教育的教学成效。全部的教学环节，由打造思政教学环境到最终的教学评价，均具有重要的意义，随着知识与思想的不断加深，最终达到了令人满意的教育效果。

（二）存在的不足

1. 教师的思政意识和思政能力有待提高

一般来说，教材更新的步伐会慢于教学理念的发展，所以说，尽管有新的教材，比如以高等教育出版社《新时代大学明德英语》为代表，该书以社会主义核心价值观为基础，整合了知识讲授与价值观引领。但在市面上然而依旧有众多的高校英语教材并没有系统地包含这种思政教育方面，也缺乏一致性。因此，该单元所涉及的主题范围较广，且各个主题之间没有密切关联，彼此之间具有独立性。就事实而言，目前的教材尚未出现能够统一领导思政教育的总体规范，导致老师在讲授英语课程思政的过程中，老师必须依据他们自己的认知去自行发现与补充。这意味着，教师应该有着良好的思政意识与水平，不然，将对高校英语课程整体的思政规划、实施方案和教育成效等造成一定程度的影响。我们可以清晰看出，当今高校中，英语老师的思政素养依旧不够成熟，仍待提高。所以说，学校应该组织对教师的思政培训活动，为老师们提供更加系统性的指导，提升教学水平。

2. 教师对模态的驾驭能力有待提高

多模态教学是一种新的教学方式，它给改进大学英语课程的思政教育给予了新的方向。但是，在我们国家与之有关的探究依旧不够成熟，所以在实际运用中仍然存在很多问题需要解决。

（1）多模态的选用问题

思政教学中的多媒体素材，如图片、视频等，虽然可以增强信息的丰富性，但同时也存在一个问题，学生的注意力会在一定程度上得到分散，并导致学生无法专注于学习本身。有些学生存在只看画面表层，而无法切实注意到学习的本质。

这样的现象在课堂上时有发生。虽然学生们的笑声和欢呼声此起彼伏，但却不能达到教育的目的，学生学到的东西非常少。所以，教师在发现思政元素过程中应该注意多种表达方式与所教主题之间的联系，并且要合理运用这些表达方式，避免过度使用或者不恰当使用。这样可以避免简单套用模板，影响主题的讲解效果。教师需要根据实际情况作出权衡与规划，以在知识联系和教学实用性方面取得平衡。所以，教师不仅要对教学的内容有一个深度了解，还应该能够熟练搜索和选取多种形式的信息。以上这些很明显超出了目前大学英语教师的专业能力范围。

（2）多模态的协同问题

大学英语课程中的思想政治教育采用多模态模式，包括文字、图片、影音等，作为传达信息和培养学生的工具，这些模态均有着各自的优势，使用其中一种会有着良好的成效。但是，整合使用，往往不是总能有着正向叠加的成效，甚至会大大削减成效。这里通过视频进行讲解说明，倘若老师一遍播放视频一边口述说明，就会有负效果。所以，在多模态教学使用过程中，老师应该有能力根据教学目的、专题等差异性，适时搭配相应的模态进行教学，这样才能起到正面成效，提高教学效果。

（3）多模态与多媒体的结合问题

互联网技术在不断革新，数字化教育环境日益完善。授课技术和设施以多媒体为代表，已与课堂教学密不可分。因为多媒体拥有巨大的优势，可以创造真实的情境，还可以激发学生兴趣和推进教学互动等，教师应该懂得多种媒体工具和技术的应用，以此来优化多模态教学效果。因为教室的可容纳人数和上课的时间具有一定局限性，所以教师通常无法充分了解学生的思想状况和心路历程，也难以及时地纠正学生在价值观方面的误区。如今，教师能够借助教学平台的方式，把思政教学内容扩展到课前和课后。教师可以借助多媒体，发布多种形式的思政资源，组织学生互动沟通。随着信心技术的瞬息万变，对老师也有了新的要求，教师需要持续性学习与时俱进，不断提升教学的质量。

我们要更好地运用多模态教学模式进行大学英语课程的思政教育，就需要提高教师在选择、结合多种教学方式以及运用信息技术方面的能力。

3. 教学评价有待完善

现今，采用多种方式展示信息和设计活动已成为学生们最喜欢的教学方法之一，这种方式可以激发学生更积极的学习热情，同时教师和学生也会采用各种方式对学生自身学习成效进行评价，如师生互评、同学互评和自我评价。总的来说，这种评价方法存在一定缺陷，系统化不强。它主要依赖口头评论与主观意念，没有客观性，并不容易将其量化评估。通常，这种评价方法会把学生的平时表现作为学业成绩的一部分。所以，学生认为大学英语课程思政同自身成绩没有关联或者说关联性不强，与成绩无关或关系不大，造成了他们对英语思政课程的忽视，不愿意也不认为付出精力是值得的，这导致了大学英语课程思政教学师受到冷遇的情况在某种程度上得以出现。换句话说，虽然学生知道课程思政的关键性，却未曾将其当做重点学习的内容。这可能是因为目前课程思政的考核方式不够明确，学生无法准确知道它在学业评价中的重要性。所以说，尽管采用多模态模式进行教学能够在一定程度上对教学评价难题进行处理，但怎么样把这种学习方式融入现有的评价机制中仍然有待进一步研究。

综上所述，大学英语课程中采用多模态模式进行教学、注重思政教学元素的发现与补充、探索教学方式和方法、完善教学系统与评价体系等，有助于提高思政教学的生动性和吸引力，成效显著。然而，这种尝试仍面临问题和挑战，需要我们愈加努力地研究与改善。

四、大学英语课程思政多模态教学模式的改进策略

以持续改进的信念为基础，鉴于大学英语课程思政教学的独特性和实际运作情况，我们提出以下改进策略，以更好地实施大学英语课程思政的多模态教学模式。

（一）明确课程思政教学目标，引领育人方向

教学目标是课堂教学中的指导方针，它明确了教学活动旨在促使学生达到的具体变化和结果。教学目标在教学中扮演着至关重要的角色，其作用不可忽视。大学英语课程思政教学在多模态模式下，需密切贴合教学目标，确保教学效果，需要保持符合人才培养目标及课程教学目标的选择多模态资源和活动设计。如果不考虑这些目标，教学就可能变成娱乐形式，无益于立德树人，结果会不理想。课程思政与思政课程有一定关联，但也存在一定的差异性。课程思政需要与特定

的课程进行融合。教材不仅应该作为课程内容的传达工具，还应该成为传授思想政治教育的有力载体。尽管大学英语教材本身是有编写体系和体例的，但是由于该学科具有人文化，加之教材本身的特点，思政元素分散且并不相互关联，我们需要进行发现、挑选与融合，才能达到良好的教学效果，否则无法达到教育的整体效应，造成思政教育呈现分散无力的特征。考虑到这一点，我们需要针对教材里的内容通过多模态的方法来进行深入分析，并确立与思想政治教育目标相符的课程任务。这样的做法既能够让老师从中获得帮助提升教学质量，还可以针对学生的差异性选择特殊化教学模式。如果按照目标框架来进行教学，既可以实现思政和课程的有机结合，又可以让大学英语课程教学更具系统化，形成教育联动，从而提高育人质量。

（二）加强师资培训，提高教师的综合素养

教育质量的核心在于教师的素质。育人者必须先充实自己，因此，在多模态的教学模式下，也就对大学英语老师有了更高的要求。为此，必须有系统性、计划性地对教师进行培训，培养综合素质，使其在面对教学中的新课题时能够科学有效进行解决，提升教学质量。

一是教师的思想政治觉悟和思想政治能力对于思想政治教育的成效和学生成长具有直接的影响。《教育部高等教育司关于印发 2022 年工作要点的通知》规定，将有针对性地举办大学教师课程思政相关培训活动，并将其明确为大学课程思政建设重要环节之一。如果大学英语教师不能确保其思想信仰的坚定性，那么他们在读取和研究英文书籍与内容的时候难免会被西方的一些价值观所左右。在这种情况下，实现立德树人、为国育才的目标将变得更不容易。因此，定期对大学英语教师开展思想理论学习是必要的。尽管有需要对教师进行常规性、大规模、统一的培训的情况存在，但实现这一目标困难重重。因此，采用线上线下相融合的培训方式，依托互联网，可以实现得更为得心应手，且能够持续下去。除此之外，我们也应当积极促进教师的跨学科交流，例如邀请思政课程教师以形式多样的方式，如讲座、研讨会和文化沙龙等，促进他们之间的沟通与互动，以不断提高他们的思政意识和教学能力。

二是为教师提供信息技术方面的培训。在进行多模态的大学英语课程思政教

学时，教师应该有着从各种多媒体信息中进行发现和挑选适合教学资源的能力，同时可以得心应手对多种多媒体工具进行操作从而展开授课。

三是老师积极利用自主学习与相互学习，整体提升自己水平。教师的言行举止也是课程思政教学的一种方式，对学生的影响非常重要，不能忽视。所以说，教师应该持续性学习，让自身审美与道德水平得以提升，并以身作则，指引着学生在道德观和价值观上走上正确的道路。同时，不同年龄阶层的老师组成团队可以相互借鉴学习。青年教师在掌握并处理多样化的信息，如音视频编辑和制作等方面更具有优势；并且他们同学生年龄相差较小，有着更多一样的体验与关注点，对学生的兴趣更容易把握。老年教师可以更好地挖掘思政元素和实现思政教学。此外，年轻的教师还可以从经验丰富的老师身上受益，尤其是在思想政治教育方面，老年教师会及时给予指导，并确保教学符合政治底线。除去以上方式，大学英语老师能够借助多种方式，如教学观摩等，实现彼此共同成长，提升自己的全面素质。

四是为教师提供赛课培训。其一，积极组织专家和优秀思政教学教师分享自身的教学与赛课方面的经验与体会，并安排讲座；其二，让老师主动参与多种课程思政教学比赛中去，以竞赛促进自身课程思政教学能力的提升，进而让教学水平得以提高。

（三）建立多模态资源库，共享育人经验

在高校中，融合了多模态模式的英语思政课程，使得教师的视野得以开阔，教学素材和方式也得到了丰富。然而，在众多的信息来源面前，我们需要仔细权衡和选择如何使用这些信息。为了提高育人质量，减少育人成本，我们需要打造多模态思政素材库，这样教师们能够彼此之间进行借鉴与参考。

第一，要采用“分析、筛选、增补、整合、优化”的方法来发现思政元素。徐锦芬教授在发现大学英语思政元素的过程中，明确了“分析、筛选、增补”的方法，可以应用于建立多元素思政素材库。具体而言，该方法包括以下步骤：“分析素材、筛选合适素材、增补素材、整合素材、优化素材”。分析是说教师深入研究并发现教学课本里面的思政元素，筛选出符合教学目标和内容的思政教学资源与方式。倘若发现的元素不足以达到教学需求，老师能够借助多模态教学对教材内容提供补充。教学素材准备完成后，依照要教的知识内容与流程，把思政素材融合起来，达到英语与思政的共同教学。值得注点的是，以上操作中，老师需要协同、借助各种教学模式，同时准备与之有关的教学活动。通过各模式之间的协调，以加强各模态之间的互补作用，提高立德树人的效果。。

第二，要分类打造思政素材库。将思政素材进行分类保存，包括教育主题、模态形式等，持续不断打造思政素材库，为大学教师开展课程思政提供经济、适用、有效的多模态资源。

第三，打造多模态优秀教学设计案例库。大学英语教师在进行思政教学过程中，多数没有系统性与总结性的策略。此外，思政教学呈现一种零散、随意的特征，很多老师没有优秀性、成功性的大学英语思政教学的案例供自身参考学习。所以，想要改善此种状况，提升教学水平，就应该推进教师采用个性化教学方法，持续创新教学设计，并将自身的实践经验进行总结与分享，这将有助于改善大学英语课程思政教学，使其得到实质性提升。

（四）创新多模态教学模式，强化育人效果

多模态教学模式是运用新兴的媒体，采用各种感官刺激方式，激发学生主动进入课堂教育的一种教学方式。跟传统的教学模式不一样，未有具体规定的操作流程。所以说，老师不仅仅在多模态教学中起到指引的作用，同时起到组织的作用，教师应该积极主动，根据不一样的教学内容、资源与环境，进行创新与实践，从而达到更好的教学成效。应注意以下几方面。

一是，要在教学实践中采用APPLE环节的方式。在教学过程中，主要根据教学导入、信息展现、互相学习、强化学习与学习评估这一系列教学步骤进行教学。使用APPLE教学模式可以在课程教学中既满足学生的认知需求，还可以促进思想品德的培养，实践证明该模式能够自然融合知识与课程思政教育，在实际教学中可以有效消除知识讲授与思政教育的二元对立。此外，APPLE教学环节提供了有序组织学习内容和随时根据教学需求进行调整和选择的灵活性。以上灵活性和多模态教学手段的运用，使得教师能够充分进行知识的讲解，并且同思政教学进行充分的整合，这将有助于提升大学英语课程思政教学的水平。

二是，应当主动探索多种有效的实施模式，在多模态教学模式的基础上不断尝试创新。使用多种教学方式在课堂上还存在发展空间。特别是在课程思政教学

中，这种结合方式的理论研究和实践探索也还存在研究空间。教师可通过多模态教学手段，如多种媒体、多种方法等，不断改进教学方式，以获得更好的教学效果，提高教学水平和质量。

（五）利用多元读写，改进评价方式

话语是心灵的投射，从某种角度来说，话语能够将其人物的思维状况呈现出来。名言警句为什么能长盛不衰，其中的原因就是其包含了思想内涵。正如一句名言所说，思想具有激励能力，言语方能富有动力。在语言学习中，写作能力是学生综合运用语言的重要环节。由于思想与语言之间有着紧密的关联，在多元读写理论的支持下，我们就能够借助写作来评估学生的知识、技能的掌握状况以及其思维涵养情况，并将这一教学方法纳入学生的学习绩效考核中，这可以当作是对课程思政教学评估的一种实验和探索。

第三节　高等院校英语课程思政翻转课堂教学模式

一、什么是翻转课堂

翻转课堂也被叫做颠倒课堂、翻转学习等，实际上这些术语传达的意思都是相同的。翻转课堂是一种教学方法，这种术语源自英文中的“the Flipped Classroom Model”，它通常被叫作“翻转课堂教学模式”。非常多的学者不管是国内还是国外都针对“倒转课堂”展开了很多研究。关于“翻转课堂”这一概念，最常见的界定是从实施步骤和学习过程两个方面进行的阐述。

教师在使用翻转课堂的教学模式过程中，会收集并整合教学资源，或者制作教学视频。而学生则需要利用课外的时间运用这些资源来学习知识。这样，课堂变成了生生互动与师生互动的地方。在课堂上，教师会为学生解答一些较难的问题，并进行沟通与探讨，以及通过一些其他手段去完成知识的获取，进一步让教学成效更好。

“翻转课堂”是一种教学模式，其核心在于交换课堂学习和课外作业的顺序，也就是把学生在课堂上获取知识的过程转移到了课外，而把对知识的理解和掌握过程放到了课堂上进行。学生在网上资源和互动支持的帮助下，在课前可以自主学习，课堂则在教师的帮助与指引中，学生通过与同学老师的合作探讨、沟通交流、总结反思等方式来确保自身对知识的深入理解。把教学模式进行倒转，教和学的过程、课堂主题、教师和学生所扮演的角色、备课方式等许多地方也都相应地发生了显著的改变。

因此，翻转课堂颠倒了人们对课堂模式的思维惯性，改变了学生的学习流程，从新的角度揭示了课堂的新形式、新含义。翻转课堂因此打破了持续几千年的教学结构，颠覆了人们头脑中对课堂的传统性理解，倡导以学定教，赋予了学生学习上更多的自主性和选择性，强化了师生之间的沟通与交流，实质是学生学习力解放的一次革命。这就契合了网络时代教育教学发展的核心——创新学习方式和教学模式，因此其被称为是传统教学模式的“破坏式创新”，成为信息技术与学习理论深度融合的典范。

二、课程思政融入大学英语翻转课堂的可行性分析

首先，大学英语课程时长长，内容丰富，是重要的课程思政实现途径之一，应得到重视。在高校中，大学英语是全体学生所必须学习的必修学科，同时往往会连续在多个学期中设置。基本上在大学期间每位学生均应该有四个学期的英语课程。

其次，大学英语课程具有独特的学科特点，可以利用语言作为媒介，为生动展现我国故事打下坚实的地基。英语教科书内涵丰富，不仅仅有着丰富的英语语言基础理论，还有很多鲜活资源可以帮助学生实现思想素质的提升。教师能够借助语言去引导学生发现课程思政中所包含的思政元素，同时借助语言来展现对积极价值观的认同。

再次，优秀的学习者具备扎实的语言基础以及独特的群体特质，这为实施课程思政教育提供了有利条件。大学英语教育中，依照学生高考成绩或者开学时候的测试分数，采用两分法、三分法等不同的分级方式，把学生门划分为 2～3 个不同的等级。学生并不希望大学英语教学内容局限于简单的单词、句法等基础知识点的阐述，而更期望通过广泛参与各种教学活动，提高他们的语言应用水平与批判性思维能力。

最后，采用翻转课堂模式能够更好实现课程思政教育，时间上也更加充裕。翻转课堂模式是指让学生在课前通过视频等方式自主学习课件，并将原本在课堂内由老师完成的知识讲解环节转化为更有趣的互动活动，如讨论等，从而提高课堂效率和教学质量。因为语言知识已经在课前内化，所以老师有足够的时间在课堂上安排多种教学活动，帮助学生发现课程中蕴含的思政要点。

三、大学英语课程思政翻转课堂教学策略

（一）课前传授英语知识

高校中，英语课程思政翻转课堂教学的过程如下。第一，老师基于课程思政，依照教学内容与任务，完成教学视频，并设计与之有关的学习任务，让学生在课前完成任务。这种方式可以促使学生更积极主动地学习，并提高他们的学习主动性。第二，借助教学平台完成老师布置的教学视频内容，同时对相应的问题进行自主解答。在视频里，老师需要主动整合课程思政教学元素，例如，强调医生护士勇敢地奋斗在国家前线等。在以上情境中，学生能够在对英语知识进行认知的过程中感受到当前的政治实践，培养他们的爱国之心。需要强调的是，老师应该确保学生在课前预习阶段中能够将自身不会的问题进行整理与记录，同时能够将这些问题引入课中学习阶段。

（二）课中内化英语知识

高校英语课程思政翻转课堂教学通常会从以下三个角度来内化英语知识：第一，高校英语教学中，教师通常使用多媒体设备播放视频教学资源，并带领学生分析文章，利用思维导图与别的有效方法协助学生对文章结构进行理解。同时，教师可以考虑将学生进行科学合理的分组，鼓励他们在小组内分享自己在课前准备中有什么样的问题，并通过小组探讨，合作沟通方法共同解决这些困难。倘若部分问题无法得到解答，则可向教师提出询问。教师应当恰当地与学生互动，积极介入学生的学习过程，为学生提供答疑解惑，引导他们正确思考，并鼓励他们共同合作进步。第二，创建情境来进行英语练习。在授课“Five Famous Symbols of American Culture”这一主题时，老师需要去创建旅游教学氛围，让学生有身临

其境的感觉，学生分别去担任导游与游客的角色，以便顺利进行活动。第三，鼓励学生探讨以解决问题。

（三）课后巩固英语知识

在高校中，英语课程思政翻转教学的最终步骤就是课后进行巩固，这是巩固学习成果和深化知识的重要环节。一般状况下，老师借助教学平台或通信设施来布置课后巩固作业。在设计学习任务的时候，老师一定要同学生的实际状况相结合，包括英语学习的能力、经验、认知等等。只有综合考虑学生的需求，设计合适的学习任务，才能够最大程度地实现任务的价值和效果。此外，老师在课后巩固阶段也同样应该关注学生的创新意识与语言表达能力的培养，并尝试将时事政治同英语教学相整合。并且，老师应该还应该向学生发送课堂教学相关音影材料来帮助学生课后巩固教学，基于此学生就能够更好、更深入地理解教学内容。总的来说，将翻转课堂整合进大学英语课程思政教学中，课后巩固活动的展开能够激发学生的积极性，帮助他们富有成效地独立完成英语学习任务。同时，学生们还可以通过在线教学平台进行互相评价，说出自身关于问题的理解与困惑，这不仅可以帮助学生巩固英语基础理论，还能够让学生的创新能力得以提升，对学生的思政教育得以强化。

第四章　高等院校英语课程思政教学体系

本章主要介绍高等院校英语课程思政教学体系，包括三方面内容，依次是高等院校英语课程思政教学体系构建、高等院校英语课程体系与全人教育、高等院校英语课程思政教学评价体系构建。

第一节　高等院校英语课程思政教学体系构建

一、英语课程思政教学体系的目标与内容

（一）英语课程思政教学体系的目标

1. 提高学生的英语学习兴趣

在高校中，英语教学有一个十分常见的问题——学生的学习动机较为单一，过于注重功利目标。大部分的学生学习英语的动机是为了通过四、六级考试，仅有少部分的学生是因为个人喜好。并且，高校是一个有一定自主性的学习环境，通常每周只会开设两次英语课程，频率相对较低。若持续下去，学生的勤奋度将会逐渐降低。

在老旧的英语教学过程中，英语语境与其他语境的隔离程度非常大。许多学生没有意识到中国传统文化与英语学科的紧密联系，而是单独将英语学科置于普通语境之外。

实际上，在高校中，英语教学有它独特的长处。相比于单纯的思想政治课教学，情境教学的运用则能够让思想政治教育贯穿到英语课堂中，为学生创造了自由、活跃的学习环境，更能激发学生爱国情怀，提升学生的思维方式，传递精神力量，最终有效地加强学生的道德素养与提高学生的思想道德能力。

2. 提高学生综合素养

在通识教育课程中，大学英语占据了关键位置，因为学习英语不仅能够培养学生科学理性的思维方式，提升人文素养，还能够培养学生正确的价值观，而且还具有课程时间长、总量大的特征，通常采用集中授课，这使得它成了思想政治教育不可或缺的一环。在这种教学实践模式下，学生不仅可以提高英语水平，还能够全面提升自身素质。

（二）英语课程思政内容体系

英语课程思政内容应包含一个核心和六个板块。一个核心即要将马克思主义和中国特色社会主义理论体系以及社会主义核心价值观融入英语专业教学全过程。六个板块主要内容包括：以马克思主义和中国特色社会主义理论为核心的思想政治理论教育、社会主义核心价值观教育、基于价值观判断和意识形态甄别的英语国家及西方优秀文化教育、中华优秀传统文化教育、中外文化对比与中国文化自信教育、以构建人类命运共同体为宗旨的全球公民意识和社会责任感教育。这些内容作为一个整体，既需要通过不同的课程分类有重点地设置，也需要融合渗透在所有课程中，达到浸润效果。

二、英语课程思政的系统设计

高质量的人才培养依赖一流的专业培养方案，而一流的专业培养方案又需要课程体系的支撑。英语专业开展课程思政，其核心落脚点是课程。基于专业特点，为构建英语专业全员全程全方位育人的思想政治教育体系，我们需要结合课程类别和功能，区分显性思政教育课和隐性思政教育课的不同功能定位，实现显隐结合，进行系统设计。

英语专业要构建以思想政治理论课为显性思政教育、综合素养课和英语专业课为隐性思政教育的课程思政教育体系，如表 4-1-1 所示。

表 4-1-1　英语课程思政教学体系构建思路

思政属性	课程模块	课程类别	思政目标与功能定位
显性教育	思想政治理论课程	马克思主义基本原理概论、毛泽东思想和中国特色社会主义理论体系概论、思想道德修养和法律基础、形势与政策	系统开展马克思主义理论教育，用习近平新时代中国特色社会主义思想铸魂育人

续表

思政属性	课程模块	课程类别	思政目标与功能定位
隐形教育	综合素养课程	通识教育必修课（军事理论、体育、计算机、职业发展、创业基础等）	在培育学生综合素养过程中牢铸其理想信念，使其树立社会主义核心价值观，培养其职业道德、审美情趣，塑造其健康的身心素质和道德法治精神，培养其科学思维
		通识教育选修课（文化素质课程、美育课程、自然科学课程等）	
	专业教育课程	英语语言文化课程	培养学生的英语表达能力和跨文化交际能力，使其熟谙英语文化，具有对英语意识形态和价值取向的甄别能力
		中国语言文化课程	开展中华优秀传统文化教育，树立学生的中国文化自信
		中外语言文化对比与翻译课程	让学生具有用英语讲述中国故事、传播中国文化的能力，树立其话语意识，培养其构建中国话语的能力
		西方与世界文化课程	拓展学生的国际视野，培养其以批判的精神吸纳世界优秀文化，以构建人类命运共同体为出发点，塑造学生的全球公民意识和社会责任感

第二节　高等院校英语课程体系与全人教育

以课程为载体，以“全人”为追求，这是关于依托标准驱动、多模块的课程体系，实现大学英语、学科专业、课程思政三位一体、协同发展的问题。

一、大学英语课程体系

因为语言的文化本质，学习英语的课程设计不可以仅仅考虑其实用性，也应该注重人文性。根据《大学英语教学指南》的规定，“进行跨文化教育，帮助学生了解中外不同的世界观、价值观、思维方式等方面的差异，培养学生的跨文化意识，提高学生的社会语言能力和跨文化交际能力”。

教学目标在学校课程计划里得到集中呈现的方式就是课程设置，它对于课程内容与结构均进行了安排与规范。根据《大学英语教学指南》，“大学英语教学的主要内容可分为通用英语、专门用途英语和跨文化交际三个部分，由此形成相应的三大类课程。……各高校应根据学校类型、层次、生源、办学定位、人才培养目标等，遵循语言教学和学习规律，合理安排相应的教学内容和课时，形成反映本校特色、动态开放、科学合理的大学英语课程体系。”

二、以课程体系为载体的大学英语全人教育

大学英语教学的目的在于帮助学生建立正确的三观、扩大国际视野、了解国内与国外的文化之间的差异、提高跨文化交际能力，并促进国内外文化的交流等。为此，课程涵盖了通用学术英语、专门用途以及跨文化教育英语等内容。在语言教育过程中，我们必须以人为中心，关注人的各个方面，包括感情、道德等，以全面促进学生的发展。大学英语教学满足学生学业、学术、职场、文化等多种需求，有利于促进大学英语、学科专业、课程思政三位一体、协同发展，推进“全人”教育（holistic education/wholeperson education），在重视知识传授和技能习得的同时，倡导培养完整的人，使人在身体、知识、技能、道德、智力、精神、灵魂、创造性等方面都得到发展。

（一）通用学术英语类课程

通用学术英语类课程普遍注重依托各单元的政治、经济、文化、科技、环保、人文等主题，让学生在学习训练和应用语言技能的同时，开阔眼界，辩证思考，触发家国情怀，立志奉献社会。

通用学术英语类课程思政的教学设计，应该利用社会热点和师生身边的鲜活事例，找准教学内容与课程思政教育有机结合的“点”。例如，在讨论“交通运输”话题时，既通过引导学生对比中美铁路、公路、民航的建设历史与发展前景，使学生了解我国基础设施建设对国民经济发展的巨大作用，深刻感受社会主义制度的优越性，同时通过学习回顾大航海时代和海上丝绸之路的历史，展望一带一路、人类命运共同体建设的美好前景。在学习“医疗保健”相关知识时，我们既可以通过课文学习和教师自己在国外就医的亲身经历分享，引导学生对比了解中外医疗保障制度，体会我国医疗水平提高和体制改革的巨大进步，学习中国医务工作者的敬业精神，又可以通过学习中医药保健理念和表达方式，加强对中华传统医学的认知和传承；既通过教学材料的学习，实现有关医药卫生保健话题的语言知识与技能教学目标，又通过国内外疫情防控措施与实效的对比，增强学生对国家、

民族、制度、文化的认同，引发学生强烈的自豪感、责任感和使命感。我们在交流“电子商务”话题内容时，既可以引导学生讨论中国电子支付技术领先的缘由、电子商务快速发展与经济实力提升的关系，帮助学生深入了解国家经济发展成绩和前景，增强民族自豪感和对未来发展的信心，又可以通过分享剖析师生网购的经历，引导学生树立健康的消费观和价值观。大学英语课程可以有效利用文化要素，引导学生既了解西方文化，又关注中国文化，实现跨文化思维碰撞。例如，对比中美电影主题和人物形象塑造的差异时，引导学生发现东西方电影与文学作品中表现出的集体主义和个人主义文化价值观差异。对比英汉语言与文化差异时，引导学生发现汉语言文化的博大精深和无穷魅力，认识到中文是中国文化、中国人身份认同的重要部分，提升学生的民族文化认同感和自豪感，增强中华文明传承的信心和决心。

大学英语课程思政在让学生看世界的同时，可以更好地认识伟大的祖国，更深入了解自身所处文化。通过跨文化对比，学生辩证看待自我，更加热爱祖国；用英语讲述中国文化，增强民族认同和文化自信。课程思政引导讨论的内容，引发学生积极探讨中国经济建设、科技进步和文化优势，活跃了课堂气氛，促进学生批判性思维能力不断进步，并可以表现出学生良好的创造力、合作能力和健康的世界观、人生观、价值观。学生普遍表示愿意将个人理想与社会担当有机结合，担负起民族复兴的责任与使命。大学英语教学应该挖掘教材课文价值观元素，培养学生的批判性思维。语言是文化和意识形态的载体，大学英语教材中不少课文出自西方作者之笔，语言原汁原味，但更需要教师引导学生在阅读时学会甄别事实与观点，正确看待西方作者的视角、立场和态度，尤其关注对同一现象 / 事件的西方视角和中国视角的差异，使学生形成独立、正确的思想和价值判断。大学英语课程鼓励学生用英语表达自己的观点，体会语言运用的细微差异。高校学生来自五湖四海，课程在引导学生观察课文景物描写的体裁特点时，要求学习模仿课文成功营造画面感的表达方式，用英语描述自己的家乡和习俗习惯。学生在此过程中表现出对传统文化的强烈兴趣，对家乡和祖国的无比热爱。

（二）专门用途英语与跨文化教育英语类课程

ESP 专门用途英语的起源可以追溯到 20 世纪 60 年代后期，当时它被设计用于特定的目的。随着第二次世界大战接近尾声，以美国为代表等多个西方国家在经济上飞速发展，科学技术也迅猛提升，英语逐渐成为全球交流中最为普及的工具。在这一过程中，人们学习英语的目标已经不再单一，而是更加多元化。学习英语不只是想要接受较好的教育，还是为了能够满足就业、学习等各种方面的需要。专门用途英语也就在这个时候出现了。

大学英语课程思政强调用英语讲好中国故事，但不能仅局限于历史文明或传统文化，更要体会、宣传新时代的中国思想、中国智慧。为此，某学校尝试将《习近平谈治国理政》融入课程设计。课程不仅满足了学生阅读《习近平谈治国理政》的要求，也采用中英文本对照翻译的方式，还采用项目教学方式，要求学生从《习近平谈治国理政》中选择中国特色社会主义、全面深化改革、经济发展、法治社会、精神文明、环境保护、国防、外交等话题作为选题范围，用英语完成学术研究项目（如社会调查、案例分析、综述研究等）。引导学生提出回应社会关切以及追踪国际形势风云变幻的研究问题，以此确定科学的研究方法。学生通过大量阅读各学科专业权威英语文献资料，学会用英语撰写研究报告和学术论文，不仅做到英语语言技能训练与学科专业知识学习的“双赢”发展，还与《习近平谈治国理政》思想内容深度融合，消除思政教育与专业教学“两张皮”的现象。

大多数大学的体育、音乐、美术、艺术设计、播音主持等艺体类专业学生学习预备级大学英语课程。多数预备级学生英语学习基础差、动机弱、效率低。为此，大学英语教学部应提供通用英语加专用英语的预备级大学英语课程体系，在抓基础的同时，开展以依托学科专业内容为特色的教学改革，音体美各专业分别开课，以保证学生具备足够学习兴趣和动机强度。教学内容上力争专则至专，不搞中间态，这虽然对英语教师提出较高要求，如必须具备一定的艺体专业知识，善于提炼和讲授专用英语语言知识和能力等，但通过坚持以语言能力培养为中心，教学设计体现实用、通浅、反复等特点，教学改革的成效非常明显。艺体类专业学生的学习积极性得到大幅提升，教学效果和效率得到增强。这些课程的设计也纳入了思政和全人教育理念。比如，“美术英语”课程在对美术各门类概述、相关艺术家介绍、艺术创作过程的描述、艺术理念的阐释以及艺术欣赏基本原则进行介绍的同时，也将爱国主义、理想主义以及对艺术的执着追求精神，有机融入语言学习过程。又如，“体育英语”课程让学生掌握一定的体育专业英语知识，提高在体育专业领域实际运用英语的能力，拓展学生的国际视野，培养良好的意志品质，使学生在参与国际交流的同时，更好地宣传中华传统体育文化。

依托英语国家文学、文化和跨文化交际等内容的跨文化教育英语类课程，多采用互动型、任务式和主题研讨式的教学模式，对学生提出很高的课前预习要求。通过课堂展示、小组讨论等形式，较充分地促进学生自主思考和学习能力的提高，并借助网络学习平台，丰富教学内容，延长教学时间，促进师生、生生交流。有的课程偏知识内容，有的偏方法。

大学英语教学体系通过提供多模块课程体系、多层次组织教学、试点优秀学生免修制度、策划举办大学英语学习中心、计划多语种教学等措施，实事求是，因材施教，满足学生多层次、多样化的需求。尊重学生、满足需求、提优帮困、因材施教的大学英语教学体系，让学生既在象牙塔中就面对激烈竞争的现实，又在校园小社会中体会追求机会均等和保障实质公平的意义。领会学校一切以“学生”为中心、以“学”为中心的真实含义，更能感受各级党组织和领导的殷切关怀，以及融化于师生、生生互帮互助中的暖暖爱意。

第三节 高等院校英语课程思政教学评价体系构建

一、高等院校英语课程思政教学评价体系构建的重要性

建立一个符合科学客观标准的高等院校英语课程思政教学评价体系，不仅顺应了当前课程思政研究的趋势，也是推动高等院校英语课程思政改革目标实现的重要力量。这一机制不仅有助于完善理论体系，还能促进提高育人成效的实际效果，因此显得意义重大。

（一）有助于优化高等院校英语课程思政教学

对教学的各个方面进行分析的过程就是多维度的评价内容。通过客观科学的评价体系，我们可以全面地认知大学英语课程思政的教学现状与存在困境，借助对评价数据的仔细研究与整理，能够深入考虑不合理的教学方式和方法，并在教学反思的基础上进行一定的改善，以优化整个大学英语课程思政教学。通过不断

吸收新的课程思政教学形式和改进方法，可以改善大学英语课程思政教学，不断提高它的质量和效果

（二）有助于提升“大学英语”课程的教学质量

通过多种方式收集评价反馈能够对教学主体起到良好的规范与推动作用，促进教学质量的提升。反馈的主体有学校、教师、学生更多个层面，借助以上各方面综合性反馈，可以建立一个健全的系统，以明确规范和激励大学英语教学的每个阶段，并提供相应标准与依据。同时，可以打造一套具有层次感和特殊性的评估标准和要点，用来全面评估教学活动。这有助于确保教学质量和方向都得到有效的监管和提升。这样可以让教师在课程设计中融合思想政治元素，学生在学习英语的过程中也能够加强自身道德修养。

（三）有助于深化“大学英语”课程思政改革

在大学英语课程中融入思政教育并实行评价体系，有助于全程监管并保证达到预期的思政教学目标，具有重要的保障作用。通过评估，随着时间的推移，大学英语课程思政教学能够帮助学生增进自我认识，树立自信心，并推动他们英语综合应用水平的提高；通过获取思想政治教学的反馈信息，教师将教学行为进行完善与改进，以提升教学能力。学校也可以随时跟进课程思政教学的实施进度与实施状况，以便加强教学管理并推动大学英语课程思政教学改革。

（四）有助于发挥学生的主体作用

学生是“大学英语”教学的主体，他们在课程思政建设中的投入和成效直接关系到社会主义核心价值观的践行成效。在传统的教学模式中，其教学旨在提高学生的英语综合应用水平，提高其跨文化交流水平。我们评估“大学英语”教学时，需要根据规定的标准去实施。传统的评价过程，教师拥有决定权，学生的参与度与影响力相对较低。新的评估制度目的就是让学生主动参加到课程评估过程中，并通过自我评估、同学相互评估等方法，综合性去评估个人与其他学生的学习成果。让学生的主体地位得到充分的发挥，有效地激发他们的学习热情与参与度。让他们清晰知道自身的未来发展方向，意识到他们肩负的责任，并能够自觉成长为一名优秀的社会主义接班人。

二、“大学英语”课程思政评价体系构建的原则

大学英语课程的政治思想教育需要有明确的目标和计划，还需要具备相应的实施途径。同时，对学生的评价也很重要，必须按照一定的原则来进行评估。

（一）目的性原则

所有类型的评价均有着明确的目的。在“大学英语”课程的思政评价指标体系中必须包含目的明确、符合综合评价要求的内容。换句话说，为了确保“大学英语”课程思想教育的实施，需要建立一套将价值目标视作导向的评价体系，以激励学生积极参与思政教育。首先，应将大学英语课程思政建设的成效纳入对教师教学能力测评体系中。这一因素应体现在评优评奖、项目申报等方面，以确保其具有差异性。通过政策支持和宣传成功案例等方式，让那些在教育领域取得显著成就的教师感到他们的工作得到了认可和回报。其次，需要改进学生综合评估的方法，同时让大学英语考试中的听力、口语、阅读和写作等各个部分都考察到考生对理想信念、爱国情感、价值观念和社会责任的理解和表达能力，将这些内容贯穿在整个大学英语学习的过程中。

（二）客观性原则

客观性原则也叫作真实性原则，其依据是事实，并以实事求是的原则评价对象，以达到客观公正的评价。我们在进行“大学英语”课程思政评价的时候，其评价的规则应该具有客观性和公正性，并需要提前去通知被评价对象。但凡规定制定并确立，不可以进行随意变更。另外，必须针对不一样的评价内容采用不一样的评价方法，避免使用过度概括的方式作出评价。评价主体需要在态度上坚持公正公平，并避免将个人的主观偏见和情感融入评价中。

（三）过程性原则

在教育教学的全过程中，贯彻评价标准的原则被称为过程性原则。将思想政治教育融入大学英语课程中并不是一般意义上的“加法”，而是应该与整个教学阶段都进行整合。在进行“大学英语”课程思政教学时，不仅要符合课程本身的教学目标，还应该跟立德树人的思政目标相匹配。这意味着体系的制定者在设计相关评估指标的过程中，应注重大学英语教育的整个教学过程。此外，还需考察

教学是否在整个大学英语教育过程中有融入思政元素，以及课程思政的潜移默化影响等方面。所以，进行“大学英语”课程思政评价时，必须遵循过程性原则。

（四）系统性原则

系统性原则要求每项评价指标之间应该有内在的逻辑联系，能够从多个方面全面反映出被评价对象的状况。评价“大学英语”课程思政应当遵循系统化的原则。我们应该知道“大学英语”课程思政评价的评价者、评价的内容、采用的方法以及评价的指标要素等内容。要在大学英语课程的思想政治教学中，将评价贯穿全体教师和学生、教学全过程和各个方面，以达到不断评价和完善的目的。需要注重教学过程，同时也应该注重教学成果，以确保对教学的评估具有客观性与准确性。

（五）发展性原则

马克思主义哲学认为，事物总是处于不断变化和发展中，因此需要以发展的角度去对待、分析并解决问题。大学英语的思政评价指标体系并非永恒的，因此不可以使用单一标准来衡量其质量。需要依照不一样的学科领域以及学生情况等将其进行不断的完善与改动，对评价指标进行合理的定制与调整，通过保持共性和个性的平衡，以应对持续演变的新状况与新问题。

三、“大学英语”课程思政评价体系主体和客体

评估体系是一个包含多个组成部分、相互关联的完整工程系统。我们想要打造此体系第一步就是要明确“评价者”与“评价标准”。

（一）“大学英语”课程思政评价体系主体

针对我们国家对大学英语课程思政教学的实施具体状况，我们能够从三个方面来考察高等院校英语课程思政教学评价的主体。第一，大学英语课程的思政教学评价管理由谁主持。教务部门以及负责教授“大学英语”的院系等，是该主体的主要成员。为了确保学校实施相关政策并落到实处，以及顺利实施“大学英语”课程思政教学，教务部门有责任去检查其教学状况、督导任务落实情况并评估思政建设成效。这些措施旨在确保能够贯彻立德树人的根本任务。第二，需要考虑

实施大学英语课程思政评价的主要责任方。该实体主要指的是高校的英语教师，同时他们也是高校思政教育的实践者，在教授英语知识的同时，需要注重思想政治教育，并接受学生、学校领导的评估；同时，教师还需要对教学进行全面评估，考核学生英语整体应用能力、跨文化交流的水平，以及学习成果。第三，“大学英语”课程中的思想政治教育的受众应该是选择修读该课程的学生。他们不仅是课程思政教学的主要受益者，同时也是教学评价的重要主体之一。学生应该有对自身学习的成果进行评价的能力，同时具备对小组中的成员以及学习同伴评价的能力。

（二）“大学英语”课程思政评价体系客体

“大学英语”课程思政评价的客体总的来说有三点。第一，首先，评价的焦点在于对“大学英语”课程思政总体建设规划的评估，其对象主要是承担“大学英语”授课任务的学院或系。我们要评估一个大学的英语课程，需要看它是否考虑了学校的特点，是否有一个整体计划用来融入思想政治教育。同时，我们也要检查是否有一套标准规定了如何在大学英语课程中教授思想政治教育的内容。第二，此举旨在对大学英语教师提供评价。对大学英语教师的评价，除了考察他们是否认可课程思政教学，还需要关注教学方法是不是与有关的规定相符合，是否将思政元素有机地融入教学过程中，以及他们发现的思政元素是不是正确的和适合的。第三，对于学生的评估也是一个关键方面。本次评价将考查学生在“大学英语”课程思政教学实施后，是否全面掌握有关课程思政的知识点，并且是否加深了他们对共产主义理想信念的信仰，是不是更加爱国，社会主义核心价值观的贯彻执行是否更加自觉和积极了。

四、“大学英语”课程思政多元评价体系构建途径

建立评价体系是一项庞大而复杂的工程，需要时刻铭记根本宗旨——强调培养人才的道德素养，即“立德树人”。在构建评价体系的过程中，不仅要想到实施的具体步骤与方法，更要重视其实际成效的评估和反馈。因而，必须综合运用多种评估方法，以达到对大学英语课程思政教学全面且充分的有效性评价。

（一）诊断性评价与发展性评价相结合

诊断性评价，也叫作教学前评价、准备性评价，往往在某种教学活动开始之

前对学生的知识、技能和情感等进行评估和预测。该评估旨在探究学生的知识基础、出现的问题及学生自身差异等问题。发展性评价的目的在于推动学生的成长，提高教师的水平，并改进教学实践。发展性评价强调对学生个性化发展的关注，评价过程需要评价者和被评价者互动，一起商定发展目标。

对于“大学英语”课程思政的诊断性评价，我们有两个重要方面需要考虑：其一，在“大学英语”教学开始之前，学校教务部门和分管大学英语教学的院系对大学英语教师的准备工作进行评定，以确定教师在“大学英语”课程思政教学目标确立、教学方案设计、教学材料准备、教案撰写、教学计划制订等方面是不是符合“大学英语”课程思政教学要求；其二，老师应该在讲课之前对学生进行全面的分析，包括语言、思维、文化、心理等等，然后制订可行的高等院校英语思政课程实践计划，具备一定的特殊性和专业性，以符合不同学生的需求。

对于“大学英语”课程思政的发展性评价，有两个重要方面需要考虑。第一，学校的教务部门与负责“大学英语”课程的院系，会针对教师在诊断性评价过程里所面临的困境进行探讨，并给出有建设性的意见和建议，用来协助教师逐渐优化，并将课程思政教学的目标、方案、材料、规划等进一步完善。该评价的主要目标为了让教师的预定目标得以实现。第二，老师在诊断性评价过程中对学生存在的不足进行分析，帮助其找出根本原因，并给出一定的建设意见。举例来说，教师协助学生确立个人全面成长的目标，其中包含提升语言、思维、学习能力等方面的能力，达到“大学英语”课程的培育目的。并且，教师进行学生诊断性评价的目的不在于评估学生综合性素质或选拔人才，而是致力于激励学生更自由、综合性成长。

所以说，在评估高校英语课程思政教学时，要同时考虑诊断性评价和发展性评价，这有助于教师改进教学计划，学生调整学习进程，达到学生全面素质的提高。

（二）形成性评价与终结性评价相结合

形成性评价是在所有参与者之间完成的，包括教师和学生，通过提供反馈信息来改善教学活动。评估方式强调对学生的学习过程进行观察与评估。终结性评价是基于结果的评价，重点关注课程结束后学生所获得的成果，评价的方式有针对单元的测试、期中或期末考试等。

大学英语课程思政的形成性评价，目的是为了了解学生在日常学习中的表现和成绩，以及他们的学习动机、态度、情感和学习方法等方面。这种评价是通过持续观察、记录和反思学生整个大学英语学习过程来做出的，是帮助他们不断进步的一种评价方式。该评价旨在科学评价和正确引导学生，培养学生良好的文化素养与思维方式、提升语言能力等。同时，它还能够让高校英语老师实时收到教学信息反馈，有助于实时调整教学措施，确保高校英语课程思政教学能够顺利进行，并实现培养德智体美劳全面发展的人才这个根本任务。

"大学英语"课程思政终结性评价是对"大学英语"教学进行高度概括性评价的过程，往往都是在一个教学周期（一学期或一学年）结束后进行，旨在评估"大学英语"课程思政的成效。此评价主体主要是两种：一种是学校的教务部门和负责"大学英语"教学的院系，他们主要评价高校英语教师的课程思政建设方案是否科学、教学设计是否合理、教学实施是否规范，以及质量监控是否有效，综合判断整个过程的质量。根据评价结果划分相应等级，将此作为评优评奖、职称审定和项目申报的重要依据。另一种是大学英语老师在教学完成之后，对学生把握思政知识的情况进行总结性评估，以便对学生成绩进行评定，通常以分数或等级的方式评估。对学生的学习成效进行终极评估可以提供高度概括性的反馈。在实施"大学英语"课程思政评价时，我们采取了形成性评价和终结性评价相结合的方法，这样评价活动就可以管理与促进课程思政的开展，同时也可以借助科学有效的方式将学生的成绩或进行展现，实现精准评判高校英语课程思政开展的实际成效。

（三）量化评价与质性评价相结合

量化评估是在教学过程中使用特定的规程与要求对数据进行搜集，然后使用教育统计学技术，针对评估对象进行定量的价值评估。质性评价是对评价资料作"质"的分析，运用表现性评价、档案袋评价、文本分析等评价方法对相关资料进行分析和综合、比较和分类、归纳和演绎等。质性和量化的评估方法这两者之间互相进行补充，能够为我们提供更加全面的内容。"大学英语"课程思政的量化评价是说在高校英语思政教学中，对所有相关因素的数据进行量化性的处理，来准确评估大学英语课程思政教学的实际成果的方法。这种评价通常是由学校的教务部门或负责教授"大学英语"课程的院系进行的。它具有明显的逻辑性，能够实现高度标准化和精准化，也非常易于实施。另外，它能消除评估者个人主观情感和态度等对被评估对象所形成的不好的作用，更具客观性。

“大学英语”课程思政的质性评价指的是在高校中英语老师通过运用学生学习档案袋、课堂表现等方式，对学生的非量化信息进行查找与整理，并使用图片、文字和视频等方式记录学生在大学英语课程思政教学中的表现，对其进行全面评估，然后作出评价是否达到预期目标的判断。教师可以进行评级，撰写评语等。以上评估方法侧重于学生“素质”的成长，特别注重高校英语课程思政教学的结果是否与教学目标一致。这种方法的优势在于，教师和学生在沟通上更加便捷，在等级的评定中更加民主化，更加公正公开。鉴于这是一种主观性评价方法，因此需要教师努力排除主观因素的影响，以便能够作出更为客观的判断。在大学英语教学期间，我们应坚持综合运用定量和定性评价原则，这有助于让评价更具科学性与准确性，进一步保障评价的可信度与效度。

（四）自我评价与同伴评价相结合

自我评估是学生在他们的学习过程中，对具体的学习任务或学习经历进行内部评价的过程，这代表着学习性的自我评估。而同伴评价，是说学生是评价的主体，基于特定的规定，对同伴在学习中的行为表现或学习成效方面进行评估，并提供反馈意见。大学英语课程思政的自我评价，总的来说就是在高校中，学生针对自身在英语学习期间的思想、品德、行为、性格等方面进行整体性评估的过程。在“大学英语”课程思政的教学中，进行自我评估是学生自我了解、自我学习、自我调整和自我提升的一部分。在此期间，学生应学会察觉自己在大学英语思政学习方面的强项和弱项，然后积极地调整学习方向、学习进程以及学习安排等，以便更与整体目标与标准相适应。

同伴评价是指在大学英语课堂上，学生可以互相评价彼此在思政学习中的表现。这个评价过程基于一些特定的标准，通常是老师提出，以确保评价公平和客观。同伴评价有助于激发学生的思政素养，可以促使他们更好地相互学习和互相提高。在大学英语教学中，我们强调自我评价和同伴评价结合，这有助于学生一起进步与成长，进一步提高整个班级对课程思政的认识。

第五章　高等院校英语课程思政实现路径和保障机制

本章主要探究高等院校英语课程思政实现路径和保障机制，主要包括两方面内容，分别是高等院校英语课程思政的实现路径、高等院校英语课程思政的保障机制。

第一节　高等院校英语课程思政的实现路径

一、贯彻“三全育人”理念创新教学方法

（一）“三全育人”的概念及内涵

三全育人一般概括为三大点，分别是全员、全过程和全方位。这种育人模式强调学生的全面发展，注重学生的个性差异，旨在培养具有创新精神和实践能力的高素质人才。课程思政是指将思想政治教育融入课程教学中，通过课程教学内容的改革，将思想政治教育与专业知识相结合，实现思想政治教育与专业教育的有机结合。这种教育模式强调思想政治教育与专业教育的融合，注重学生的思想政治教育，旨在培养具有良好道德品质和职业素养的高素质人才。“三全育人”与课程思政的有机融合，可以更好地实现立德树人的根本目标。在“三全育人”中，思想政治教育是重要的组成部分，而课程思政则是思想政治教育的重要途径。通过课程思政，可以将思想政治教育与专业教育相结合，让学生在专业学习的同时，也接受到良好的思想政治教育，从而提高学生的道德品质和职业素养。同时，“三全育人”与课程思政的有机融合，也可以更好地促进学生的全面发展。在“三全育人”中，思想政治教育是重要组成部分，而课程思政则是思想政治教育的重

要途径。课程思政可以让学生在学习专业知识的同时，也接受到良好的思想政治教育，从而提高学生的综合素质和创新能力。

1. 全员育人

全员育人，是针对育人的实施和发动者的范围概念，它强调，在新的时代背景下，育人不单单是学校一方的责任，家庭和社会也应该自觉承担起协同育人的责任，三者都是育人的主体。

第一，所有的人员都应该承担起育人的职责，我们的党还有政府，以及在社会上有一定影响力的人都可以作为育人的主要部分，都能很好地发挥育人的作用。第二，学生的父母更是教育学生的主要责任人，有着将大学生思想政治素养灌注于孩子身心的职责。在新的历史时期提高高校育人的工作效率在我国有着重要的意义。

高校的育人比社会和家庭的育人更为重要，是主要的育人阵地和场所。所有在高校任职的人员都有一定的育人职责，他们合理分配工作，承担好各自的责任，展示出自身的优势，把管理育人、教书育人和服务育人的关系协调融洽，自觉承担育人的职责。

2. 全过程育人

“全过程育人”是一种教育理念，强调在学生的整个学习过程中，教育者需要关注学生的心理发展，并根据学生的心理状态灵活调整教育方式。要求教育者具有高度的敏感性和灵活性，能够根据学生的心理状态和需求，随时调整教育策略，以达到最佳的育人效果。在大学生整个学校阶段，学生刚开始会对即将就读的大学校园环境充满期待。他们可能会通过互联网、社交媒体或其他渠道了解校园的基本情况，例如校园建筑、设施、地理位置等。大一阶段入学后，因为脱离了原本的生活环境，没有了家人陪伴和朋友关怀，需要适应新的学习和生活环境，包括课程难度、学术要求、时间管理等。他们需要学会管理自己的时间、精力和资源，以实现自己的学业和生活目标

在大二阶段，教师可以鼓励学生积极参与学生管理工作、专业知识和技能比赛以及实践活动。这些方式可以加强学生的自律性，提升学生自行管理的能力，同时激发学生的竞争意识。这可以促进学生自我教育、科研培养和实践锻炼。在大学三年级阶段，应更加重视学生的专业课程，审核课程是否需重修。此外，为了帮助学生明确自我定位，高校教学也应当包括职业生涯规划、创新创业、挫折

教育、法律知识以及心理健康等方面的内容。在大四的阶段，学生可能更加关注自己毕业后的职业规划，包括选择公务员、支教、参加选调、考研或者就业等等。因此，学校不仅应当提供就业信息和政策，更应该注重心理疏导，帮助学生找到最适合自己的职业道路。高校保持与毕业学生的联系并了解他们已选择的不同职业道路情况，有助于为未来的学生提供更好的指导和辅导。在这个培养过程中，高校要充分实现全程的育人教育。因为大学生的思想和价值观会顺应事物的发展规律而不断变化，所以我们应该考虑到长远的影响，并对每个学生的实际情况做出有针对性的思想政治学习指导，以满足不同认知差异和符合学习规律。我们需要以学生的实际需求为出发点，逐步改进教育方法，最大限度地发挥教育工作的时效性。

3. 全方位育人

全方位育人是一种关注育人工作全面性的空间概念。高校应该全面培养学生，利用各种方式和途径来传授知识、培养实践技能以及提高各种人文素养。包括考虑如何在教学、服务和管理等方面培养学生，把课堂教学和校外实践结合起来，应用多种教学方法，为学生提供多样化的教育体验，从而达到多方位、多层次培养学生的目的。换句话说，需要在社会、家庭和学校等各种资源之间取得协调，使教育在多个领域得以进行，实现全方位的育人。这样可以更有效地避免教育中的单一和片面的倾向。

全面的教育工作致力于推动高校学生的综合素质得到全面提高，高校全面教育的重点在于确保教育效果的全面性和显著性。为了确保人才能够得到全面培养，需要覆盖所有领域，实现广泛的空间覆盖。最近几年来，育人工作已经向更广泛的领域扩展，不再仅限于传统的课堂教育。同时，高校通过利用网络等多种平台，整合和创新教育资源，也在不断扩大育人工作的范围和领域。全面育人强调的是不仅需要重视个体的多方面发展，还需要确保这些方面的发展相互协调和一致。这种育人方式需要将思想政治教育融入各种不同领域的教育中，比如德育、智育、美育和体育等。通过全方位的渗透，创造线上线下、课堂非课堂的多元化育人模式，以帮助学生实现全面发展。当前，全方位培养人才的关键在于“合作”。这意味着我们需要更加注重协作和沟通，利用“师生家校社会”各方面的互动作用，让育人力量有机地结合起来。

（二）高校“三全育人”建设的价值

“三全育人”是一种符合时代要求的教育理念，它对于高校教育的发展和学生的培养具有重要的意义。它强调教育应该全面、全程和全方位地进行，即从多个方面、多个角度、多个层次来培养人才。高校应该积极探索和创新，以便更好地适应时代的发展和社会的需求，培养出更多具有创新能力和实践能力的优秀人才。

1. 保障立德树人根本任务实现

高校通过“三全育人”的建设，可以更好地发挥思想政治教育的优势，提高学生的综合素质和创新能力，从而更好地适应时代的发展和社会的需求。

高校应该整合校内外的教育资源，包括教师、学生、家长、社会力量等，形成全员育人的格局；高校应该将育人贯穿于学生从入学到毕业的全过程，形成全过程育人的格局；高校应该构建多维一体的教育格局，包括课堂教学、课外活动、社会实践等多个方面，形成全方位育人的格局。通过“三全育人”建设，高校可以更好地实现立德树人的根本任务。首先，高校可以整合校内外的教育资源，形成全员育人的格局，让更多的人参与学生的教育中来，从而更好地培养学生的品德和素质。其次，高校可以将育人贯穿于学生从入学到毕业的全过程，让学生从入学开始就接受全面的教育，从而更好地培养学生的综合素质。最后，高校可以构建多维一体的教育格局，让学生从课堂教学、课外活动、社会实践等多个方面接受全面的教育，从而更好地培养学生的综合素质。

“三全育人”计划在高校中能够实现各方人员的协同合作，将立德树人的理念深入学校、社会和家庭的各个成员中，以达成协作一致、责任明确的目的。教育工作者在高校中有着重要的角色，他们应该意识到自己在培养学生成长方面的责任，并积极地传达和践行“立德树人”的教育理念。教育工作者应当以自己的行动示范为先，注重培养学生的道德品质和倡导用道德感化人心的理念进行教学，并且务必确保自己具备良好的思想道德素质。只有这样，才能建立一支德才兼备、注重德行的教育队伍，为学生树立好榜样，从而确保立德树人的任务得以实现。除此之外，高校可以通过建设“三全育人”项目来构建一个党委主导的教育系统，各部门共同承担责任并协同推动德育工作。这种体系是通过在管理、服务、教育各方面贯彻立德树人思想来实现的。所有的管理人员、专业课教师、班主任、辅导员和后勤服务人员共同发挥各自的职能和作用，并以此为基础建立了一个合作的育人工作体系，这样就可以为实现培养德才兼备的人才这一根本任务提供充足的人力资源了。

2. 路径的全面性

"三全育人"方案采用多元手段和多层面的方法来协同培育人才，创造了全面的育人模式，充分展现了其全方位的育人路径。此外，"三全育人"不仅通过课程设置、科研、实践、文化交流、网络沟通、心理辅导、管理服务、学生资助、组织管理等多种途径和形式，来实现教育和全人发展目标的融合，而且这些途径和形式相互配合，形成了一个多方位、多层次的育人体系。通过综合利用各种教育资源，克服了教室内育人的限制，开拓了更多的育人实践途径。

另外，"三全育人"理念采用了全方位的教育方式，不仅仅放眼于学校这一层面，而且将社会和家庭加入教育范畴中，从而形成了以学校、家庭、社会为教育路径的综合育人模式。整合学校、家庭和社会资源，协同推进育人目标，扩大了育人领域。除了利用校园文化和网络课程等内部资源，高校的"三全育人"建设还融合了家庭教育、家风教育等家庭特有资源，以及博物馆和文化基地等社会实践资源，以形成更为全面丰富的育人路径。这样的结合不仅拓宽了教育途径，同时也促进了学校、社会和家庭之间的联系与协作，确保了综合、全面的教育路径。"三全育人"将多种方法和层面纳入育人系统，确保方法多样、灵活，同时保证全面性和系统性，使得育人工作能够综合性地展开，从多角度实施。综合考虑不同的因素和方式，高校要将立德树人与各方面的内容相融合，通过多种途径和方式，如课堂教学、校园文化建设、社会实践活动等，实现多方位、立体化的育人模式，即"三全育人"建设。高校在进行"三全育人"建设时，会将立德树人的理念融入高校的各项运作中。

这样，高校便能够更好地将立德树人的思想与管理、教学、服务内容等相匹配，从而形成一种多元、多样的育人体系。它能够充分利用文化、网络、实践等多种资源，不仅可以在课堂上进行显性教育，还结合隐性教育，实现立德树人的目标。这将立德树人的思想贯穿于课堂内外、线上线下，为构建一个包含多方面元素的育人格局提供了有力的保障，以实现立德树人的任务。

3. 引领和培育价值观念

在当今的时代里，我们面对着各种不同的价值观和思想理念。这里包含了一些正确、积极的价值观，但同时也存在一些错误、消极的价值观。一方面，人们推崇将个人、团体、国家利益相融合的正确理念，同时也存在错误的思想。因为学生正处于发展认知能力的阶段，还未完全掌握辨析各种价值观念的能力，所以容易受到不良价值观的影响。因此，我们需要通过教育和训练来引导并加强其树立正确价值观。

高等院校以"三全育人"计划为基础，积极主动地推动计划，确保计划的持续性，并扩大教育领域，以达到引领和培养学生价值观的目的。"三全育人"政策有助于激发高校内所有教职工的教育功能，使他们在管理、教育和服务中各自承担起价值观培育的任务。同时，这一政策要求教职工在日常工作中树立正确的思想观念和价值选择，并以此为学生提供引导和榜样。在管理、教育和服务学生的过程中，应该贯彻正确的价值观念。通过普及正确的价值理念，让学生在课堂中直接获得价值观教育，使学生在学校接受的管理和后勤服务中也能领悟积极的价值观，潜移默化地接受价值观教育。我们可以将明确的授课方法与隐含的教育方式结合起来，可以有效提高塑造和培养价值观的效果。

要想引导和培养人的价值观，需要进行长期的、持续性的努力，不能简单地通过单一的措施如开设一门课程或学习来达成目标。要使人们确立和养成正确的价值观，需要进行持续的、长期的教育。高校三全育人建设打破了以往只在特定时间进行价值观念教育的传统，通过将价值观念引导和培养融入学生成长、学习和生活的各个方面，确保学生不断在知识、情感、意志、信仰和行为等方面全面提高，将价值观念引导和培养贯穿于整个学生成长过程中，获得持续不断的效果。我们要为学生提供有针对性的教育方法和内容，考虑到学生不同阶段的特点和需求，保证教育的连续性。我们以学生为核心，为他们提供适用于不同阶段的条件，帮助他们塑造自己的价值观，同时确保我们的教导和培育是有效的。

"三全育人"在不同载体之间协同利用高校资源，拓展了价值观念引领与培育的空间，使其能够更广泛、全面地产生作用。高校"三全育人"建设不仅发挥了课堂教学的主要渠道作用，还将网络、校园文化和社会实践等多种形式融为一体，使得学生在多个维度上受到全方位的价值观引领和培育。

（三）高校“三全育人”建设取得的成效

随着各大高校对全员育人不断进行探索和实践，我们取得了显著成果。尤其是在全员育人方面，我们成功地提高了“员”素质水平。另一方面，全员育人使得学校内部员工的素质得到了显著的提升。

1. 全员育人中的“员”素质大幅提高

在高校教育阶段，全体教师职工都应参与教育工作，发挥传道授业解惑的作用，具备普遍性育人理念以及一定的教育责任和教育意识，共同为培育高素质综合型人才发力，无论是行政人员还是各级教师，无论是荣誉教授还是一线实验员都应参与立德育人这一过程，通力配合形成教育合力。具体来说，在高校“三全育人”建设过程中，“员”的素质获得了大幅提高。

第一，学院专业教师有着较强的立德树人意识，充分发挥了课堂的主渠道作用，创新育人方式，整合专业资源，将“课程思政”融入课堂教学全过程，促进数学专业知识传授与价值引领的有机融合，实现专业和思政的同向同行，达到了春风化雨育人的效果。第二，管理者始终坚持正确管理理念，具有严谨的工作作风，他们还建立了完善的制度体系，采用目标管理和量化管理相结合，促进了学生的成长和良好习惯的养成，提高了管理质量，达到了管理育人目的。第三，所有后勤服务人员都有着良好的形象，工作出色，为学生提供优质的服务，并通过为学生创造优良的学习生活环境，帮助学生解决思想、学习和生活中遇到的各种问题和困难，引导学生健康成长和全面发展。通过全员参与，学生可以获得更多的教育和引导，从而更加全面的发展。

2. 全程育人中的“程”范畴大幅延伸

从当前高校实行的全程育人模式来看，人才培养的“程”已经不仅限于学术成就，而扩展到更广泛的范畴。举例来说，某个高等教育机构采用“三全育人”理念中的“一二三四”型模式，即将教育过程分为四个阶段，根据学生所处年级和不同特点，有针对性地进行阶段性育人工作。这说明高校近年来在全面培养学生方面的特色已经向更加精细化的发展方向转变。当前，许多高等教育机构正在积极探索一种全方位培育学生的方法。有些学校在新生入学之前会向他们推荐优秀的书籍，并为他们提供相关服务，以便打破“入学”的时间限制。当前许多高校坚持在学生毕业后一定时期内延续育人工作，例如一些高等院校会与毕业学生保持沟通联系，邀请其回校接受教育。此外，还有一些高校会通过跟踪毕业生的情况、调查和与用人单位的沟通来了解他们的状况，以便为毕业生提供更贴近其需求的定制化教育服务。随着高等教育的发展，全程教育将更早开始，更晚结束，以完善教育体系。因此，现代高校必须不断加强全方位的学生培养工作，以确保高校的教育过程连贯、完备，并不断提升培养学生成果的质量。

3. 全方位育人中的“方位”外延大幅拓展

现在越来越多的教育者在全方位育人中的“方位”方面进行拓展，这意味着教育者正在寻求更广泛、更深入的方法来帮助学生全面发展。比如，某高等院校的“322”型三全育人模式，这是一个以学生为主体、全面提升学生素质、实现个性化培养的教育模式。具体来说，就是指紧紧围绕党员干部、教师、青年学生“三条主线”，坚持建好校内育人阵地与校外实践基地“两个阵地”，通过推进协同创新与考核评价机制建设“两轮驱动”，不断增强思想政治工作发展动力、提升吸引力、增强内生活力，有效提升思想政治工作质量，全力提升学生思想政治理论素养，努力培养能够担当民族复兴大任的时代新人。新时代高校在教育载体方面的发展，强调了全方位育人的重要性，通过提升思想政治理论课的课堂育人效果，可以帮助学生更好地理解、接受和内化思想政治教育的内容，从而提高学生的思想道德素质和政治素养。高校通过加强校园文化育人功能，可以营造良好的校园文化氛围，提高学生的文化素养和审美水平，促进学生的全面发展。校企合作、社区协作是高校教育的重要延伸，高校教育通过这些校外实践形式，可以让学生更好地了解社会、了解职业，增强学生的实践能力和社会责任感。尤其是现在科技的日益进步，打破了教育在空间和时间上的限制，令全面教育中的“方位”迅猛突破。

譬如“网络思政”是指将互联网作为一种载体，开展高校思想政治教育的一种新模式。它通过线上线下协同育人创新机制，充分发挥网络育人的作用，使思想政治教育更加贴近学生生活，更加具有实效性。教育大数据是指教育领域中的海量数据，这些数据可以通过各种方式收集和生成，包括在线学习、考试、课堂互动等。我们利用便捷的教育大数据进行大学生的教育与管理，可以更好地了解学生的需求和特点，为教育决策提供更加科学、准确的依据。我们可以看到，随着互联网和大数据技术的不断发展，教育领域也在不断探索新的教学模式和方法。

（四）“三全育人”理念融入课程思政教学的优势

1. 协调各方力量形成教育合力

“三全育人”的核心在于让综合教育各个方面相互融合，共同发挥教育的作用。近年来，中国不断走向国际舞台的中心，并进入了一个全新的时代。随着社会的不断发展，信息的呈现方式越来越繁多，中西文化的交流和汇合也日益增多，这使得学生的成长环境也变得更为多元和错综复杂。为了保障新时代年轻一代思想领域的纯洁性和独立性，高校应该重视学生思想教育，这不能单靠思政课的力量，需要通过多种方式，共同管理和监督。新时代高校的“三全育人”理念是一个整体性的概念，它包含校内的人员，还有思想政治教育工作者。三全育人的完整性在于在校内外协同培养人才。多数高校仅限于在校园内进行教育，与外界接触较少，因此未能充分发挥其他主体的教育功能。在新时代，高校要求注重与校外的互动和交流，使各主体共同参与学生的全面培养，实现“三全育人”的目标。学校、家庭和社会都承担着培养人才的责任，在彼此合作和协调下，充分利用各自的优势资源，创建更多培养人才的途径。这个过程中，他们形成了有机的联系和合作，最终汇聚为一个强大的教育力量，并不断提高育人的效果。

2. 全程跟进各阶段教育的关键点

人的思想具有可塑性，因此教育就是塑造一个人思想的过程。我们要在新的历史时期实现中华民族的伟大复兴中国梦，高等教育的人才培养在这其中是重中之重，能够持续为祖国提供新鲜的血液。高校“三全育人”中全程育人在新的历史时期，应按照人的思想形成发展的规律，进行全程长期的跟进工作，要做到随着教育阶段的不同，其教育的内容形式也跟着发生变化。

高校育人工作是一个长期的过程，学生从入学阶段到在读期间再到毕业以及毕业后的很长一段时间都需要高校持续关注。针对不同的育人阶段，我们需要抓住受教育者成长的关键点，以确保他们能够成功完成学业，成为优秀的人才，并不断提高高等教育人才培养的质量。

3. 促进大学生的全面发展

“三全育人”理念追求全面育人，实现对受教育者的全方位育人工作，不受时间和空间的限制。该理念要求高校全方位整合教育资源，达到在线上线下、课上课下、各个领域和广泛范围的全面育人目标。高校的全面育人工作体现在多方面，其中之一便是全方位的育人，这种育人方式有助于人才全面发展并培养具备全面发展能力的人才。

（五）“三全育人”理念下大学英语课程思政建构的核心思想

1. 大学英语课程与思想政治教育的结合

在大学英语教学过程中，教师需要在多个方面进行教育，包括知识、能力、价值观和情感，以全方位地培养德行高尚的学生，教师应该合理地整合大学英语课程和思想政治教育，并采用富有创意、深刻且丰富多彩的教学方式。还有，教育者应明确“教书育人”的方向，注重帮助学生打好人生基础，引导他们树立正确和远大的人生理想。高校通过在英语教学中合理融入思想政治教育元素，使学生成为品德高尚、政治素养良好的英语人才。

2. 人格教育在知识教育中的巧妙渗透

人格教育对学生的学习和未来自我价值实现将产生极其重要影响。只有具备健全思想的人才，才可以为社会的发展提供助力，如果学生没有良好的思想品德，就会利用所学的知识来做错事。在学生学习西方的文化和历史进程的阶段，教师应格外注意准确地利用思想政治的教育方式，引导学生形成正确的人生价值观，不能使学生形成狭隘的“民主自由”概念。在“三全育人”视阈下，教师在实际建构大学英语课程思政的过程中，须做好人格教育和知识教育的融合，将其作为实施综合育人计划的核心思想。

（六）“三全育人”理念融入大学英语课程思政的方法

在“三全育人”模式中，对于“大学英语”课程的思政目的，需要着重强调三个关键要素，即全员参与、全过程融入、全方位渗透。这样做可以充分挖掘该课程中的“思政”意义和价值。马克思主义的观点和方法能够应用于各种教学实践中，解决遇到的问题，帮助学生消除在学习过程中遇到的思想、价值和情感方面的困惑。在这个过程中，大学生要逐步树立责任意识，进一步认识自己的价值和社会定位，成为能够承担民族复兴大任的时代新人。

1. 完善机制，“全员”参与课程思政

在当前形势下，高校实行“三全育人”工作需要注意以下方面：一是必须遵循国家整体规划的方向，以确保教育的全面发展；二是需要营造适宜的社会环境，为教育提供有力支援；三是要把学校教育作为一个纽带，加强教师和学生之间的联系和沟通；最后，家庭教育应被视为“三全育人”工作的基础，必须得到充分关注。这样可以形成一个全面的“大思政”育人格局。

同时，我们要积极执行“每门课程都有教育培养作用，每位教师都有培育德育责任”的指导方针，深入探究各类课程的思想政治价值和道德教育作用，以共同推动学生成长发展。“大学英语”课程的思政教育需要全校师生共同参与，是一个涉及面广、任务繁重的综合性项目。为了有效开展此项工作，我们需要充分配置学科、专业、教材和管理方面的资源，高校领导亲自深入课程思政工作中，亲身授课和聆听授课，能够有效地保障课程思政的实施，同时也对激发先进典型有重要的作用。学校的不同部门应该合作，应制定有关课程思政的综合规划，建立管理有序、科学评估的教学管理框架，以促进课程思政的改革并提高教师的教学水平。

2. 聚焦三观，“全过程”融入课程思政

全过程融入“大学英语”课程思政是指通过课前思维导入、课堂引经据典及课后知识扩展三个维度，把握大学英语教学的特征，实现立体化教学。

（1）课前思维导入：厚植爱国主义情怀

高校教育的核心应是道德教育，高校要不断提升学生的社会责任感，让他们更好地为国家、社会和人民服务，同时他们获得和传承爱国主义的情感。在确定“大学英语”课程的育人目标时，应该将爱国主义作为“坐标原点”，以应对不同文化价值观的竞争。在弘扬爱国主义和对外开放的基础上，我们需要将国家和民族的利益与全球和世界的需要相结合。我们应该积极探索历史、时代和现实中的元素，以建立起学生对国家的认同感、归属感。在准备教案之前，教师应该注重思维导入的技巧，并将爱国主义教育自然地融入教学过程中。同时，教师也应该在课堂上把握好学生意识形态的主动性，以确保“大学英语”课程始终保持主渠道和主阵地的地位。

（2）课堂引经据典：正确看待中西文化差异

在中国的教育体系中，教师的教学计划和成果很大程度上取决于教材中的内容设置，因为教学内容都是以教材为中心展开的。教育工作者需要找到一种方法来有系统地传授知识、提高培养学生的效果，并且让教育教学取得最大化的效果。

教师应该善用各种资源，包括名言警句等典籍，来增强学生的文化平等观念，并提升他们对中西方文化的鉴别力。在我国的大学英语教学中，常常忽视了传授本土优秀传统文化方面的内容。文化之间的沟通障碍会严重妨碍跨文化交流的展开，且最直接的危害就是阻碍双方顺利、有效的交流。

（3）课外知识延伸：用英语讲好中国故事

要想课程思政得以有效实施，我们需要拓宽获取知识和经验的途径，而不仅局限于课堂上的知识传授。我们只有采取这种方式，才能促进课程思政的持续创新和发展，并实现从全员到全过程再到全方位的全面教育。

首先，要在“大学英语”课程中把中国故事用英语讲好，这需要具备创造性思维，并融入思政教育的理念。我们可以通过调整教材和课程设置来着手解决问题。我们秉承中华优秀传统文化的教育理念，对“大学英语”教材进行修改，同时邀请专家教师来进行改进。

除此之外，我们还添加了一些可选的学科内容。引入英文版的经典教材如《四书五经》《论语》《中庸》和《中国文化读本》等，可以协助学生更好地传承和弘扬中华文化，深入探究中国传统价值和思想。同时我们要鼓励学生充分运用中国智慧，提升学生对中国文化的理解与认知水平。为了强化课程思政的实施，大学英语教师应该注重提升自身思政意识和德育能力。

其次，除了知识的传授，还应该加强教学方案设计和教学改革，以兼顾价值观引导的目标，不应将思政内容生硬地添加到课程中，而是要将其与课程有机结合，相互促进，相辅相成。这样，才能更好地实现课程思政的目标。教师应当在重视英语语言技能的同时，加强英语教学的文化性、人文性和培养学生的综合素养。教师通过生动有趣的方式，深入剖析中国传统故事的内涵，从浅入深地展现给学生，以此达到拓展教育学生视野和提高其责任感的目的。

第二种方法是以中国故事为主题，通过校园活动引导学生参与互动课堂，从而激发其学习兴趣和创造力。我们可以举办英文舞台剧或者故事演讲比赛，同时邀请学生观看经典影视作品，例如《外交风云》，可以帮助学生更加准确地了解“中国外交”“中国精神”和“中国道路”，并选择正确的“中国立场”，同样也能够潜移默化地培养学生的情感认同。

3. 配套联动，“全方位”渗透课程思政

全面发展教育涵盖了多个方面，旨在为学生提供全方位的发展机会。该教育模式包含了多种形式和方法，以培养德才兼备的人才，以健全的思想为理念，从教学方式、教学场所和评估机制三个方面协同配合，积极探索和改进实施大学英语课程思政的方法与途径。

（七）构建线上线下相结合的“三全育人”模式

1. 全员育人：学校、家庭、社会有机联合

“大学英语”课程内容涉及大学生活学习的方方面面：有关于亲情、爱情、友情的内容；有关于专业知识和科普知识的内容；有关于个人价值、家国情怀的内容。我们采用项目式学习法（project bassed learing，PBL）可以培养学生问题意识，以英语技能学习的视角关注人、关注社会、关注国家，实现学校教育与家庭、社会的有机联合，让“育人平台”无限延伸。

2. 全程育人：课程思政教育贯穿始终

育人走入研究生阶段学习或者走入社会的储备期。针对这个特殊的时期，高校要进行全新的课程体系设计，构建通用英语、专门用途英语、跨文化交际课程“三位一体”的大学英语的课程内容体系。同时专门开设跨文化交际课程，对学生进行跨文化教育，培养学生的跨文化意识，提高学生社会语言能力和跨文化交际能力。在大学学习的整个阶段，我们应引导学生采用合作式学习，让学生习惯小组合作、同辈互评的模式，培养合作精神、团队精神；用任务式学习（task bassed learning，TBL），让学生根据现有能力和兴趣、专业需求等不同因素完成不同层次的任务。这样既激活中小学阶段的英语基础知识，又实现大学阶段英语听、说、读、写、译能力的提升，实现对学生科学精神、团队精神的培养，为研究生阶段学习储备学术能力，为适应社会奠定基础，实现学习阶段的纵向衔接，最终实现人格教育。

3. 全方位育人：线下线上营造空前德育格局

在大学英语教学中，实现德、智、体、美、劳的全方位发展，主要依靠各个部门、各个环节协同发力。全球最大的学分课程共享平台“智慧树”的高等院校会员，已充分利用其独特的“平台＋内容＋服务”“三位一体”的业务模式，完

成了优质课程的引进和服务配套落地，建立了智慧教室，为“线上＋线下”混合式教学提供了硬件保障和设施平台支持。

部分高校将线上和线下相结合的教学方式体现在教学计划中，以扩大教育覆盖面，突破传统教学的地域和时间限制，并促进师生之间的不间断互动。这种教学方式将教学空间拓展到网络课程的建设、教学团队的建设和师德师风等方面，实现了全方位培养学生的目标。对此，首要任务是充分发挥课堂教学的优势，教师应该引导学生走向正确道路。教师团队应当坚定信仰、有决心、积极地传承和传播正能量，并坚定地支持社会主义意识形态的核心理念，这是我们持续需要的。此外，我们需要加强对课外活动和社会实践的支持和发展。尽管第一课堂在价值观引导方面起到了至关重要的作用，但是第二课堂和第三课堂是文化教育和实践教育的主要领域。我们要鼓励学生了解社会和国家的现状，以此为基础在实践中获取更多知识和智慧，实现全面培养学生的目标，使之学以致用。

二、创建优质课程思政育人空间

在英语教学的阶段，在教授英语技能的情况下，我们也应该从社会主流价值观和学生普遍的思想问题方面入手，来设计教学内容，以此来拓展我们的育人功能。为了有效开展“课程思政”，教学设计是非常重要的一环。在实施大学英语课程教学时，必须遵循其自身的教学规律，将英语教学融入学生的政治思想中。目前由于大学英语教师没有具备扎实的思想政治理论，加之高校学生具有多层次特点，导致大学英语“课程思政”教学设计存在一定的问题。即课程思政内容与大学英语课程教学内容的融合性问题、教材内容的开发问题。不同类型的学生在大学英语课程中表现也不同，设计课堂对于教师而言是一项艰巨的任务，他们必须考虑学生的不同特点并融合英语教学的主要内容，总结出重要教育知识，运用恰当的方式方法使学生在不知不觉中增长知识。我们要协同各组织部门，推进合理化改革，方能促进大学英语课程思政教育的有效实施。

“大学英语”课程思政价值引领的作用，要靠教学实践来实现，而课程思政教学目标的确定，是教学内容、过程、方法、手段、评价、监管、保障等所有要素的前提。“大学英语”几乎所有课程的教学目标都包含听说读写译等各个方面的能力要求，即学生应该能够在某种情形下在完成某种事项时使用英语。“大学英语”课程思政的教学目标，不仅体现在培养学生各项语言能力和学习能力上，更体现在综合素养上。但人的思想进步和素质提升，往往很难直接观察或检测，因此，教学设计的关键，在于依据大学英语教学总的目标要求，采用与能力标准表述类似的理念和路径。评价是基于证据的推论，即依据那些可观察的、跟所期待的学习结果有关系的指标，来推论学生的学习结果是否达到要求。

当前，在“三全育人”视角下，教师须主动创建优质的大学英语课程思政育人空间，即将英语教学与思想政治教育进行科学融合。在词汇和语法学习的过程中，教师需要关注学生的学习动力，并鼓励他们以合作态度相互支持和帮助。作为教育者，除了关注学生英语能力的增长，更要注意学生正确价值观的塑造。通过以英语学科为基础，有效地引入跨文化教育元素，并在其中恰当地融入思想政治教育，以达到教育目标。例如，通过比较“红色文化”和西方文化，让学生探讨中西方文化的异同之处，在此基础上拓展并深入探究相关知识内容。通过激发学生的热情，让学生在翻译中国特色社会主义制度的核心内涵等内容过程中，提升他们的翻译和理解的水平。通过比较东方特色文化和英美文学，教师可以在英语课堂中创造浓郁的思想政治教育氛围，让学生受益良多，以此增加思政元素，提高翻译的综合性。

三、基于课程思政理念开发教材

教材是教师在课堂教学中的重要参考资料，也是落实“课程思政”理念的有效手段。教材呈现的信息对教学效果具有至关重要的影响，也直接影响课程思政的有效实施。随着时代的演进，教育观念不断革新，教材的内容也必须不断创新以适应时代的发展。在我国新时代背景下，推广“课程思政”理念实际上符合国家现实和方针政策的需要。因此，在编写教材时，应以“将思想政治教育贯穿课程”为指导思想，将其与中国特色社会主义的发展方向、理论体系、制度体系以及文化传承等方面紧密结合，旨在为服务于社会主义现代化建设提供支撑。

高校应考虑进行以培养思辨能力为基础的大学英语教材编写工作。教学内容的选取和组织需要考虑学科知识体系、学生认知特点、社会发展需求等多种因素。大学英语教学从理论视角到实践方法都具有显著的创新性，因此，符合思辨性教学理念的大学英语教材编写成为教学改革实践的第一步。教材所选的语篇主要以经典文学性文本为主，涉及小说、散文、诗歌、演讲词等各类体裁，语篇内容涵盖文化、情感、评论、辩论、哲理、励志等社会生活各个方面，且语篇要尽可能涉及不同时代、不同领域、不同国别的作者，以便更好地体现文本本身所包含的思辨性。除思辨性语篇外，教材应客观地提供作者简介、篇章出处等背景知识，方便学习者更好地把握篇章的内涵和外延；必要时提供生字词注释，以免学生将过多的精力放到语言形式的处理上。英语专业教学的内容有其专业性，为有效开展课程思政，大学英语教师在材料编选上可重点从两方面入手：一是挖掘现有教材、教学案例及其他教学材料中的课程思政元素；二是从中国文化经典、马克思主义经典，以及体现中国及世界前沿动态和时代主题的材料中，选择能满足英语课程思政教学需要的材料作为补充。特别要注意的是，课程思政教学材料的编选要注重其可以进行价值观的引领和思政教育主题的确立。黄国文主张，课程思政应从价值目标、价值取向、价值准则和马克思主义的世界观和方法论出发，以问题为导向，探究语言所传递的价值观，寻找话语中的政治思想成分。为了进行课程思政，我们应当选用有关热门话题和紧急事件的恰当教材，理解语言后面代表的价值观和意识，明确思政教育方向，让学生拥有明辨正确的价值观和意识的能力，这是英语思政教育的方向。

作为通识教育的重要组成部分，“大学英语”应该在思想引领和培养人才方面发挥积极作用。为此，英语教师需要深入理解传统教材，并且深刻挖掘其中所蕴含的思政元素，将其融入英语教学中，以推动人才的全面发展。这是一个值得每位学校英语教师进行积极思考的问题。在挖掘教材中的思政元素时，应该注意时机、程度和适宜性。适时的含义是提高对元素的发掘能力，在恰当时机下注重发掘思政元素。适度就是要在不损害教育内容本身的前提下，充分挖掘思政元素，并且准确把握教育内容的拓展潜力，避免出现虚假夸张、强行牵强或过度渲染的情况。在进行思政教育时，运用适当的方式找到关键的思政元素并将其提取出来，同时结合专业特点和育人目标进行引导教育，避免无目的的空谈或混淆视听的错误言论。

为此，大学英语教师应该在教学设计中主动将话题内容和学生所处社会的热点问题和生活实际问题联系起来，做到潜移默化，润物无声。教师应该充分利用话题内容和学生专业背景，激发兴趣，启发思考，鼓励探究，将思政德育的抽象概念呈现于具体的情境和交际中。学生能在此基础上，用英语进行辩证的思考与交流，即为课程思政与大学英语教育相结合最理想的方式。

在大学英语教学中，思想政治教育的渗透需要遵循规律性原则，强调学生在课堂中的主体地位。教师应根据大学生信仰和人生理想缺乏坚定性的情况，以及他们的身心成长规律，对课程内容进行深化和合理拓展。在讲解英语国家概况时，教师可以从政治文化和历史文化中挖掘思政元素，并结合我国的儒家和道教思想进行教学。同时，教师通过引导学生对比我国历史文化和政治文化，让学生深入感受我国历史的深远和文化的博大精深。在此过程中，学生可以认识到中国特色社会主义制度的优越性，以及传统文化的价值和魅力。这样的教学方式不仅能提高学生的跨文化意识和能力，还能帮助他们理性地认识自我，结合我国的历史发展反思自我，从而自主地重新定位人生目标，成为有目标和远大志向的人。以此为导向，学生可以更科学、有动力地学习英语和其他专业课程，逐渐成长为符合时代需求的人才，具备良好的政治素养、能力素养和思维素养。

大学英语课程应当综合知识传授、能力培养和价值引领，实现三者的有机结合。因此，我们在教授英语的同时融入思政元素，可以采用浸润式的隐性教育方式，着重强调实践的美感特质。传统的教学方法注重知识灌输，教师只需要传授知识即可，而学生却不太重视自己掌握的知识水平和知识的价值取向，这种方法与现代教育理念截然不同。因此，教师需要抛弃陈旧的观念，从单方面的传授者转变为引导者，支持学生表达其内心想法，并通过探讨的方式来传授知识，以便消除疑虑。通过生动形象的表达和深入浅出的方式，将情感元素融入其中并突显理性因素的精华，深入学生内心，与学生达成思想上的共鸣。这样，在无声无形的教育过程中，思想政治教育的内容就如同一个磁石，吸引着学生的注意力，从而提高思想政治教育的实效。

四、关注英语学习困难学生

《教育部高等教育司 2020 年工作要点》要求加强非通用语种专业建设，推进外语与专业教育相结合，培养“一精多会”“一专多能”的高素质国际化人才，打造国际组织后备人才“蓄水池”，为我国参与全球治理提供人才支撑。例如，华东师范大学依托外语学院其他语种的教学资源，从 2020—2021 学年开始试行

“多语种教学”方案，将“大学英语教学”升级为“大学外语教学”。

大学英语课程内容多、难度高、时间紧、任务重，而且课程体系、教学目标、教学理念都与中学阶段完全不同，新生需要时间适应新的学习环境、新的学习方法。而线上线下混合式教学模式，将部分课程内容放在课外，部分基础较差的学生尤其是缺乏自主学习习惯和自主学习能力的学生，会遇到学习困难。

华东师范大学利用“书院”育人体制优势，通过大学英语教学单位与各大书院之间的合作，举办导师讲座、师生座谈等活动，为学生答疑解惑，指明方向，指导基础差的同学尽快适应大学英语课程学习，还采用“依托书院组织+英语学院助教团队”等形式，对学困生“精准扶贫”。如根据全新大学英语课程体系的特点和学生的实际情况，以提升听力水平为抓手，帮助大夏书院落实“铸英计划”，通过举办大学英语教学部专家教师的系列辅导讲座，配合英语学院优秀高年级学生助教与书院学困生结对子的个别辅导计划，帮助解决新生大学英语学习困难问题。华东师范大学还计划以大学英语教学部为主，举办有明确目标、有详细章程、有稳定队伍、有固定场所的“大学英语学习中心”。以大学英语学困生为主要使用对象，作为现有“恳谈室”（第二课堂工作坊之一）的升级版，定位为“有专任教师和优秀助教提供帮助的自主学习中心”。除提供学习资料、学习场所、学习设备以便自主学习外，还将组织包括系列讲座、专题强化训练课、助教学生“一对一”或“一对多”辅导等多种形式的助学活动，保证不让一个学生掉队。

五、教学全过程中注重学生思想品质评价

在进行英语教学时，教师不仅需要注重提高学生口语和翻译能力，同时也需要积极关注和评估他们的人文素质。在英语教学中，致力于培养学生的道德修养和人格塑造，教师肩负教育和引导学生建立符合社会主义核心价值观的正确价值观念的重要任务。这要求在整个教育过程中培养学生适应社会、解决问题的能力。作为教师，传授知识并推广文化时，应对学生的思想和道德水平持客观态度进行评估。如果学生在学习英语知识和技能的过程中遇到挑战、出现心理状态的问题，比如攀比、悲观失望，教师应该及时引导他们并帮助他们调整心态，以增强学习成果。为了将思想政治教育纳入大学英语课程，需要采取具体的方法，有目的地

根据学生的个人道德修养水平进行教学。为了让学生具备高尚的思想品质，教师应采用多种方式评估他们的思想品质，并将思想问题与英语教学紧密结合，运用科学的方法将思想政治教育融入教学实践中，从而实现全方位和立体式的教育。

六、打造大学英语课程思政教学团队

（一）提升教师“课程思政”素养及信息技术能力

“大学英语”课程虽然近些年学分被削减，但是依然具有学分多、课时多、时间跨度长、师生覆盖面大的特点。教师队伍又存在年龄跨度、职称跨度带来的能力层次差异。如果要进行全面的线上线下课程改革，必然需要对教师团队进行建设，为此，我们可从以下几点出发。第一，开展集体备课、“教师工作坊”，弥补青年教师教学科研能力方面的经验不足，资深教师可带动青年教师，使其教学科研能力获得提升。第二，进行分组分工合作，让青年教师发挥自己思想活跃、紧跟信息时代的特点，带动年纪偏大的教师提升线上教学新技能。第三，开展“大学英语”教师“课程思政”的理论研究，建立课程思政常态化研讨机制。

（二）学校大力加强对学校教师的思政教育

学校下设教师工作部和教师教学发展中心，由该部门针对全校教师思想政治教育、师德师风建设、师资培养培训、教师能力提升与职业发展等方面的内容，开展专题培训、交流讲座、教师工作坊、高级研修班等活动，以更好地帮助教学团队成员实现师德师风的提升。

（三）运用合适的课程思政教学话语和话语方式

在教育教学过程中，教学采用不同的授课话语，其作用和效果千差万别。每种话语都有其应用场合和适用情境，但这些情境并不是固定的，需要特别注重在场同学和教师的思想活动及主要状况。在进行课程思政教学时，教师需要掌握恰当的授课用语，并及时运用，以调动学生的积极性和自觉性，从而有效地实施课程思政。为推进大学英语课程思政建设，教师需精心挑选话语，营造平等和谐的教学氛围，以此影响学生的价值观念，形成情感认同，潜移默化地培育其品德修养。

教师通过运用适宜的教学话语，将育人元素深深地植入学生的内心，引导他们树立正确的人生目标，提升教育的实际效果。说话的方式和用语反映了一个人的价值观和道德观。在大学里，教学气氛自由轻松，使用适宜的授课用语可以让学生自主地接受积极且科学的理念，将理念融入自身的思想构架，成为他们意识和思维的一部分。这些理念将在学生日积月累的学习和实践过程中，帮助学生逐渐养成好的思维和行为习惯，并且在学习、生活中不断影响他们的言行举止。

在传统教学中，学生常被视为附庸角色。他们通常在教学活动中扮演接受者的角色，没有真正地参与活动中。长期以来，这种教学方法导致了学生没有充分的话语权，无法让学生很好地进入学习。在进行课程思政建设时，我们应该总结以往的经验，并采取更加双向互动、注重反馈提升的教学方式，以此来改进教学质量，建立以民主和平等为基础的教学理念，使用平等和亲近的措辞，缩小教师与学生之间的差异，增进双方的互动，建立一个积极的学习环境。

大学英语教师应该使用有趣的语言和生动的例子，来引导学生正确理解课程中添加的思政元素。这样可以让学生内心乐于接受这些元素，而不会感到抽象和难懂。教师应该通过语言艺术来传递真诚的关怀和支持，让学生感受思政教育对他们的重要性。这种方法可以推动思政教育资源和大学英语课程的融合，从而实现课程思政教学润物无声的效果。

七、通过互评作业强化思政教学效果

在教学过程中教师会要求学生完成各种作业，提交各种形式的作品，教师可以通过展示学生的作品引导学生进行讨论互评，最后确定优秀作品，这种互动形式可以极大地激发学生的学习热情。以《新视野大学英语读写教程》（第三版）第四册第四单元为例，本单元的主题是“环境的可持续发展”，这是一个全球性的热点话题。教师通过课前与学生交流，以及课堂提问发现很多学生对环境危机缺乏全面深刻的认识，对环境保护缺乏使命感和热情。鉴于此，教师可以给学生布置一个关于环境保护的作业，让学生课后查阅资料，并开展小组讨论，最后以视频的形式提交作业；作业可以在班级 QQ 群里提交，各小组互评，也可以在课堂上展示各个小组的作品，引导学生进行讨论，展开评比，评选出本班的优秀作品，并在其他班级进行公开展示，还可以邀请获得优秀作品的小组进行总结发言，讲述完成本次作业的心得体会。学生为了完成作业，他们会观看、查找大量有关人与自然的纪录片及文献资料，更深刻地意识到人与自然和谐相处的重要性，也意识到了每个人都要有保护环境的道德责任感。同时，通过公开展示作业并进行讨论评比等活动，既培养了学生的协作意识和语言表达能力，也培养了他们的人际交往能力，使他们获益匪浅。当然，课堂互动形式可以多种多样。互动过程就是通过教师的启发与指导，帮助学生逐渐把碎片化的知识加工与整合，最终实现知识创新。

这样可以适当减少教师讲解的时间，增加课堂互动时间，让学生在互动过程中去探索、争论，在学习体验中提升和发展，从而获得最大的收益。

八、积极拓展第二课堂

（一）第二课堂概念

拓展大学英语实践第二课堂有助于提升思想政治教育效果。第二课堂是高校学生在校外开展、拓展自己的教育经历和实践活动。相对于传统的课堂教学，高校的第二课堂更注重自主学习，没有强制的教学计划和时间要求，更具弹性。借助高校第二课堂的构建，我们能够将思政教育的核心理念和人才培养的指导思想融入其中，在不影响第一课堂的情况下为学生提供了一个有益渠道，让他们有机会将所学知识应用到实践当中。同时，这也是对教育体系的一种有益补充。此外，这有利于实现大学生思政道德素质内化于心外化于行，第二课堂拥有丰富多样的建设形式和平台资源，可综合应用各种先进的信息技术和有一定影响力的平台，助力其实现此目标。

（二）大学英语第二课堂与课程思政建设

大学英语第二课堂坚持党的领导，学院党委书记和系部书记直接负责管理第二课堂日常工作和各项学科竞赛活动。大学英语第二课堂充分发挥学科责任教师的指导作用，紧密依靠全体教师和学生，积极推进大学英语第一第二课堂联动。

大学英语教师可以策划各种英语活动如英语口语角逐、用英文进行新闻报道等。举办这些可以实际增强学生英语交际的能力。同时也能激发他们对学习大学英语的兴趣。此外，这些活动也在潜移默化中促进了思想政治教育的实现。高校可以通过组织大学英语比赛，选择不同的主题来促进思政教育更加精准有针对性。策划这些活动可以帮助学生巩固专业知识，提高学生对中国行业文化的了解，并提升职业素养。首先，英汉科技文章互译比赛可以鼓励学生提高语言技能，同时加深学生对专业知识的理解。其次，英语知识竞赛可以激发学生学习英语知识的兴趣，提高英语水平。最后，行业楷模英雄事迹英语故事大赛可以引导学生了解行业文化，培养他们的职业素养。这些活动不仅可以提高学生的综合素质，还可以增强他们的就业竞争力。

高校还可以以团队为架构，以竞赛为抓手，完善第二课堂组织架构，助力学科竞赛突破，实现课程思政建设过程中第一、第二课堂联动的问题。譬如，在学校领导和教务处、宣传部等部门的关怀、指导和支持下，华东师范大学外语学院大学英语教学部创办“校园英语刊物”和“校园英语广播”等宣传平台，用英语讲好中国故事，用英语展现华东师范大学师生风采。大学英语教学部组建“英汉双语角”工作坊，每周组织英汉双语活动，以英语为载体举办文化主题讲座、节日风俗体验、趣味竞赛游戏等活动，为中国学生提供实际使用英语的场景，为留学生提供学习中文、体验中国文化的机会，推进东西方信息交换、文化交流。大学英语教学部还组建“演讲辩论坊”“跨文化交际坊”“悦读坊”“写作坊”等多个英语学科竞赛工作坊团队，举办丰富多彩的第二课堂活动，配合第一课堂教学，营造浓厚学习氛围，助力优秀学生在全国重要学科竞赛中取得优异成绩。

九、制定大学英语课程思政标准与教学监管体系

高校以《大学英语课程思政教学指南》为标准，以监管为保障。大学英语教学部全员参与课程思政标准制定，全方位、全过程实施教学监管，培养一支专业素质和思想道德都过硬的英语教师队伍。只有保证大学英语课程和大学英语教学的成功，才能实现大学英语课程思政的目的。因此，《大学英语课程思政教学指南》既是课程思政的指南，又是课程教学的指南。大学英语教学部在依托各级督导听课、领导听课、同行听课等课堂教学监管的基础上，积极发挥系部和课程团队的教学监管作用，推进“全员听课”，构建科学有效的教学监管体系。

大学英语教学部专门制定《大学英语听课评价标准》，既梳理、整合大学英语所有课程的共性部分，突出大学英语教学的主要教学原则和教学理念，又考虑

不同模块、不同系列、不同课程的个性部分，体现各门课程不同的教学目标和课堂活动特征；既用于听课反馈，又便于教师自己对照；既是监管评价的标准，又是教师努力的目标。依托《大学英语听课评价标准》的“全员听课”活动，把听课“监管”，转变为教师自行对照的“自觉”行动，教师通过参与听课标准的制定与修改，把听课活动转变为对课堂教学标准的大讨论，变成教师提升教学能力的手段。

第二节 高等院校英语课程思政的保障机制

在转变思政课程为课程思政、构建立体化育人格局的过程中，需要逐步推进，不能急功近利。要建立有效的课程思政育人体系，需要在改革教材、教学内容和教学方法的基础上，为了实现全员、全过程、全方位的育人格局采取一系列措施，并保障这些措施的实施。

一、组织保障机制

学校的大力支持在大学英语的思政建设步骤上是非常重要的，其在组织建设方面提供可靠的保障，在制度建设上提供坚实的底座。在组织建设上，学校首先应建立管理课程思政的领导小组，组长由校长或者党委书记担任，副组长由教务处长担任，成员全是教务部门的教师，并将组织结构图完善，传达到每一个人，做到每个人都有自己的职责，不得出现在课程思政建设中推诿扯皮现象，将课程思政建设落实到底。在制度建设上，高校应根据国家政策，结合自身实际情况，制定符合课程思政理念的规章制度，包括课程设计、教学大纲、教学方法、教师培训等方面。教务部门应建立课程思政师资库，将全校参与课程思政的教师纳入其中，这样可以更好地管理和调度教师资源，确保课程思政工作的有效进行，人事部门应出台激励制度，鼓励专业课教师更多地参与到课程思政建设中。可以通过设立奖励机制、提供培训机会等方式实现。同时，打造出课程思政“金课”的教师，即选拔出具备课程思政理念和技能的优秀教师，并给予他们更多的支持和机会，以提高他们的教学水平和影响力。

二、制度保障机制

学校“三全育人”工作的制度建设是确保教育全面、协调、可持续进行的关键。各级各类学校都应重视育人工作制度的建立和完善，保证全体教育工作者能够协同一致，全面贯彻落实立德树人的根本任务。

立德树人是我国教育的根本任务，这一任务的实现需要从中央部署到地方推进，再到学校落实，各层级都需要按照各自的“三全育人”工作方案来执行。人事部门需要确保每个部门和岗位都清楚他们的育人职责，并且要有明确的问责制度。省级层面的育人工作需要明确责任主体、责任落实和追究，以确保各项工作得到有效落实。在省级层面，需要加强指导规范，确保各级各类学校在党的领导下，全面推进育人工作，提高人才培养质量。在学校层面，领导层需要制定和实施意识形态指导方针，确保全体教职员工理解并积极参与到“三全育人”工作中。高校通过考核制度来确保教职员工的工作与“三全育人”的目标一致，包括他们的教学、科研、管理等各个方面。根据不同的职能和教学单位，明确他们在“十大育人体系”中的具体责任，并建立相应的工作制度，以确保这些责任得到有效履行。高校鼓励和支持教师参与学生的思想政治教育工作，通过各种活动培养学生的综合素质和社会责任感。总而言之，全体教职工在教育学生的过程中，应该明确自己的育人职责，做到时时处处都在教育学生，并且事事处处都要承担起自己的责任。

三、队伍保障机制

在大学英语课程思政建设中，教师是关键。要实现课程思政建设的目标，需要教师强化育人意识，找准育人角度，提升育人能力。这需要教师在教学过程中，不仅要传授知识，还要关注学生的思想道德教育，使英语课程成为培养德才兼备人才的平台。

在组织层面上，教育管理部门应建立各种教师培训项目和平台，建立多种优质资源共享机制，充分发挥各基层教学组织作用，发挥各层次人才的带头示范作用，以全面提高大学英语教师课程思政建设的意识和能力。

在个人层面上，大学英语教师应积极主动适应新形势，提高意识形态认识水平，摒除“业务工作与政治无关”“两耳不闻窗外事，一心只教圣贤书”的错误观点。所以，教师的职责除了教书，还应立德树人。有了高尚的思想，学生才会知道，自己的专业技能不应仅解决自己的一己之需，还应服务于更广大的社会群体。学生努力学好专业本领的最终目标显然不能局限于一己之私，而应致力于为社会服务，这就要求学生关心天下大事，具有世界眼光。课程思政也应从一开始就注重培养学生正确的世界观及开阔的视野，使其意识到国际竞争的残酷现实。

大学英语教学中的思政建设并不排斥对学生基本知识技能的培养，相反，还对其提出了更高的要求。教师必须认识到，政治无处不在，政治就是人类社会自我管理的基本手段，政治就是人类生活的一部分。教师的思想通了，自然会积极、主动、愉快地承担起思政建设任务。

加强课程思政建设本是立德树人的应有之义和基本要求，授课英语教师应多读、全读、广读、深读，形成较强的鉴别力。教师阅读越广，辨识力越强，越能做到客观公允，越能避免狭隘，越能看到自己的长处和短处，既可避免妄自尊大，又能避免妄自菲薄。同时，在具体的教学活动中，教师也要讲究阅读推送顺序：从当代作品阅读到历史经典阅读；从小部头阅读到大部头阅读……总之，怎样利用一定的策略和方法促使英语学习者达到英语学习所需要的阅读量，最终实现目标语言的驾轻就熟，是专业课程要解决的基本技术问题。怎样保障学习者在阅读中获得健康的思想、培养其浓厚的家国情怀和民族感情，是课程思政要着力解决的问题。

因此，既要加强大学英语教师开展课程思政、实施立德树人的意识，又要提高教师开展课程思政教学的能力。为适应课程思政的要求，大学英语教师需要从以下三方面着力。

一是强化意识形态教育的意识和能力，树立正确价值观。英语教育的特殊性在于需要直接面对多种意识形态和不同立场的话语。我们都知道，语言与文化紧密相关，而语言的背后则承载着相应的意识形态和价值取向。透过语言意识形态对学生的价值观进行引导是英语教师的重要使命和责任。萨莫娃（Samovar）、波特（Porter）和史蒂芬妮（Stefani）将价值观定义为：从个人或社会角度对特定行为方式或客观事物终极状态做出选择的持久信仰[①]。价值观是后天习得、用于做出

① 张崇．组织行为学 [M]．哈尔滨：哈尔滨工业大学出版社，2012.

选择和解决冲突的一套有机规则。蔡瑶指出，大学是引领和形塑国民价值观念的教育场域[①]。参照美国大学价值观教育的经验和教训，我国当前的价值观教育应契合我国价值观建设的需要，坚持中国立场，在课程体系建构和课程内容设计上分辨其中的文化适应性和意识形态安全性。语言背后的价值观和意识形态有时候是显性的，这一部分在英语教学中容易辨别。语言背后有的价值观和意识形态有时候则是隐性的，需要我们具有一定的价值观甄别能力方能准确识别和判断。英语教师需要帮助学生形成正确的价值观和意识形态甄别力、判断力，从而形塑符合我国国家观念和民族信仰的价值观。

二是不断加强政治理论学习，提高政治理论素养。英语教师普遍具有较高的英语语言能力和丰富的英语乃至西方国家文化知识。根据课程思政的要求，英语教师在教授语言文化知识的同时，更应在教学中潜移默化地用马克思主义的基本立场、观点和思想浸润学生。虽然大部分教师在自己受教育的过程中已经接受了马克思主义和当代中国特色社会主义思想教育，但是马克思主义博大精深，需要不断学习和深刻领会。还有一部分教师在海外完成本科或研究生学习，对马克思主义理论和中国特色社会主义理论掌握相对有限，更需要补修相关知识和理论。从语言教育的角度看，英语教师需要从马克思主义理论中挖掘与语言文化相关的内容，找到有效的契合点，从而更有效地在英语教学中融入思想政治教育内容，进而实现英语专业课教学的价值引领，实现其与中国道路、中国理论、中国制度和中国文化的有效结合。

三是提升中国文化素养，增强中外语言文化对比能力。若要在英语专业课程教学中具备培养学生中国语言和文化知识的能力，教师自身就需要具有提高自身中国文化素养的意识，储备丰富的中国文化知识，并且在语言学、中外文学、英汉翻译、英汉语言对比、中外文化等课程中实现中外语言文化的融会贯通。通过中华优秀传统文化的博大精深吸引学生，激发其学习、了解和深入领悟中国文化的主动性。除了培养学生理解和使用英语的能力，英语教师还应着力培养学生使用英语讲好中国故事、传播中国声音、构建中国话语的能力。这些培养目标的达成，需要教师具备深厚的中国文化知识、中外语言文化对比和用恰当准确的英语表达中国文化的能力。

---

① 蔡瑶．美国大学通识教育的价值塑造机制探析 [J]. 外国教育研究，2018，45（03）：87-97.

四、评价导向机制

评估课程思政工作的成效需要采用定量和定性分析，以及考评制度来收集和反馈信息。这种方法能够有效地提前发现问题并采取相应的措施，以促进学生的全面发展。最终的目标在于评估课程中思想政治教育的成效。首先，需要明确要评估的目标。我们要对学校的课程思政工作进行评估，需要综合考虑来自省级层面的指导意见以及学校内师生的反馈和意见。此外，评估的范围应该涵盖学校所有师生。省级机构应负责评估各类学校在课程思政方面的工作，学校则需要审核每个部门、单位和课程思政主体的执行情况，以确保课程思政得到充分实施。这个考评需要综合考虑教职工的工作表现和学生的学习成果。另外，必须确定评估的目标和其所包含的组成要素。“课程思政”的主要目的是通过综合发展学生的德、智、体、美、劳等方面来培养其成为胜任社会主义建设和发展的接班人和建设者。考核的起点和终点需要设立在这项核心任务和具体目标上，无论是省级考评还是学校自行考评。在省级层面考核中，需要特别关注学校是否在办校治学、人才培养等方面积极贯彻立德树人的理念。

学校应立足英语课程思政体系，注重学生身心健康全面发展。评估教学、管理和服务部门的教职员工是否充分发挥英语课程思政的作用，根据他们的职责与特点承担责任，以确保学生在学习、生活和工作等方面得到足够的帮助和引导。我们要全面评估教师的教学水平，需要考虑他们的教育内容、教学方法、态度和担任思政课的工作量等因素。同时，也需要考虑学生的学习情况，包括思想状态和行为变化等方面。需要对英语课程的思想政治教育工作进行整体和细节方面的评估。这些工作需要进行长期、全面的评估，并非短时间内可以见效，只有这样才能实现有效的考核。为了全面贯彻英语课程思政考评的要求，高校应建立全面、全程、全员的评估体系，将教职工的招聘晋升、职称评审、工作考核、评优表彰等与学生的入团入党、评奖评优、选派学生干部等方面的工作紧密联系，以培养具备全面发展能力的人才。此外，高校应该采用多种方式，包括问卷调查、访谈和随机听课等，同时结合线上和线下的方式进行考核，考核过程应该遵循透明、公正、公开的原则，并公布考核结果。借助考评成果，我们可以更好地加强、完善和改进英语课程中的思政教育工作。

五、激励约束机制

科学、有效、公平的考评机制和激励机制，对于高校英语课程思政持续推进有着不可替代的作用。通过考核体系，我们能够及时了解英语课程思政建设的进展，尽快发现问题并解决问题，这有利于促进思想政治建设的发展。评价机制要和激励机制同时运行，奖惩结合，进一步激发英语教师参与英语课程思政的积极性，更好地实现教育目标。因此，建立行之有效的考评和激励机制是切实落实课程思政的必然要求，也是实现育人目标的迫切需求。

高校应建立“以人为本”的激励机制，制定能真正激发英语课程思政工作可持续运行的规章制度，要坚持实事求是的原则，确保奖励机制能真正提升工作效率；要将英语课程思政纳入教学体系与学生管理体系，将所有参与英语课程思政的管理干部、教师和辅导员纳入考核评价体系，将他们完成的工作时数计入工作量，并发放相应的课时费；同时，将其课程思政参与的情况作为评优评奖优先考虑的因素之一。通过一系列的政策，高校鼓励教师积极主动地参与到课程思政建设中来，推动思政育人活动向纵深发展。

高校奉行教书育人的宗旨，应以教师奖励计划为抓手，将英语教师对于课程的思想政治教育资源的挖掘能力和育人实效，作为职称评定和是否给予专项支持及额度多少的部分依据。当然也有必要对“课程思政”教学表现突出的英语教师予以精神激励，赋予相关荣誉称号，使其切身感受学校对其工作的重视度，增强精神层面的获得感。教育教学实践活动的推展需要教育主体和教育客体等基本要素的共同参与，只有通过两者的协调配合才能顺利开展教学活动。所以，激励手段的运用不能仅仅局限于教育主体的范畴，评价体系需要辐射到教育客体。

第六章　高等院校英语课程思政教学实践

本章主要论述高等院校英语课程思政教学实践，主要包括三方面内容，依次是高等院校英语课程思政教学现状、高等院校英语课程思政教学内容改革、高等院校英语课程思政教学评价改革。

第一节　高等院校英语课程思政教学现状

一、高校英语课程思政教学现状分析

（一）英语课程思政教学深度不足

结合部分高校的英语课程教学情况来看，教师在课堂教学期间只是简单地讲解英语知识，而后将思政知识与英语知识生硬地杂糅在一起，这就导致英语课程思政教学深度不足。加之思政知识本就具备一定的抽象性，学生在学习的过程中会遇到更多的困难，加大了学生的学习难度。同时，英语课程目标、课程模式及课程评价在英语课程教学期间占有重要位置，但教师仅在课堂授课环节讲解思政知识，并未将思政元素融入课程目标、课程评价，导致英语课程思政教学的效果不甚理想。教师和学生花费了较多的时间和精力，但并未取得预期的成果，这也致使部分教师和学生对英语课程思政丧失信心，并未抱有较高的期望。

（二）英语课堂教学模式有待优化

教学模式对于英语课程思政教学的效果具有直接影响。现阶段，部分英语教师仍旧采取传统的讲授教学模式，即直接讲解英语知识、思政知识，或者通过教学课件展示知识内容，而后让学生进行学习，在这一过程中，学生处于被动学习知识的状态，很少进行思考交流。同时，鉴于思政知识的抽象性特点，学生缺乏思考活动这更是致使学生陷入“知其然而不知其所以然”的状态。虽然学生能够

记住思政知识，但不了解思政知识背后的原理，无法切实发挥思政知识和思政元素的育人价值。此外，单一的课堂教学模式导致师生之间互动不足，教师无法了解学生的英语基础、思政水平和学习发展状况，学生也无法在教师的帮助下掌握思政知识。因此，单一的教学模式是影响英语课程思政教学效果的重要因素。

（三）英语教师队伍建设不足

在高校英语课程思政教学的过程中，英语教师的教学组织能力、教学资源整合能力直接关系到英语课程思政教学效果。但从现阶段的情况来看，大多数高校英语教师因长期从事一线教学活动，在英语教学方面积累了丰富的经验，而且掌握了熟练的教学技巧，可以帮助学生答疑解惑，但思政水平相对不足，无法将英语知识和思政知识有机结合起来。教师的思政水平不足导致英语课程思政教学处于低效状态，教师在探索英语课程思政教学的过程中花费较多的时间，反而耽误正常的教学活动。

（四）英语课程教学评价不够完善

教学评价是教学活动的重要组成部分，结合高校英语课程思政教学的现实情况来看，完善的课程教学评价可以诊断学生的学习成果和思政水平发展情况。然而，在当前的英语课程教学期间，教师给出的教学评价不够全面、不够合理。例如，教师过度关注学生是否掌握英语知识，而忽视了学生的思政发展情况，也没有将学生的学习表现纳入教学评价。部分学生虽然付出较多的时间、精力，积极参与学习活动，但由于英语基础薄弱而没有取得预期成果，教师给出的教学评价较低，导致学生学习积极性受挫。教学评价缺乏交互性，教学评价多是教师对学生的单方面评价，而学生则无法对教师的教学成果、课程思政建设效果进行点评，致使教师无法发现英语课程思政教学期间存在的问题，也无法采取相应的措施加以优化。

二、高校英语课程思政教学优化对策研究

（一）推动课程思政在英语教学中的深度渗透

当前，部分高校的英语教师在英语课程思政教学期间存在深度不足的问题，

对此，教师需要意识到课程思政的必要性，进而推动思政元素全面融入课程目标、课程模式和课程评价各部分。以课程目标为例，教师可以设置下述三个维度的目标：一是知识目标，重点在于引导学生掌握英语知识、思政知识，筑牢英语理论基础，初步了解思政理论；二是思维与能力目标，主要引导学生在学习的过程中形成相应的思维品质和学习能力，如语言思维、辩证思维、联系思维等，而且要培养学生养成良好的学习习惯，形成突出的自主学习能力；三是情感态度、价值取向维度的目标，主要引导学生在学习英语知识的过程中形成正确的文化意识，能够认识世界文化的多样性，尊重不同国家、不同民族之间的文化差异，强化学生的文化认同感，帮助学生树立文化自信。

不难发现，优化后的教学目标充分体现了思政特点，尤其是联系思维、辩证思维、文化自信等要素更是突出英语课程教学目标的思政性，实现了思政元素和英语教学的深度融合，并对学生的综合发展起到重要的指导作用。师生应当随着英语课程思政建设及教学活动的开展形成正确认识，意识到课程思政是一项长期性、系统性的工作，应当以长远的目光看待课程思政建设，对英语课程思政教学充满信心，避免出现过度关注短期利益和形式主义的倾向。

（二）创新英语课堂教学模式

现阶段部分英语教师仍旧采取单一的讲授式教学，这一教学模式的优势在于能够保持统一进度，降低教学成本，但学生一直处于被动学习状态，致使课堂互动不足。鉴于此，英语教师应当根据英语课程思政教学需要主动创新课堂教学模式，推动主题教学、情景模拟、微课教学等先进教学模式的应用。例如，在课堂授课期间，教师讲解中外服饰文化时，由于学生对于外国服饰了解不足，教师就可以设置探究主题，发布主题任务，而后让学生在该主题的指导下自主搜集资料，了解外国服饰文化，并与我国服饰文化进行对比。相较于讲授教学，主题探究学习能够突出学生的主体地位，充分发挥学生的主观能动性，并且让学生在自主学习的状态下加深对知识的理解和记忆，实现学习能力的发展。同时，学生了解中外服饰文化差异以后能逐渐形成正确的文化观念，正确看待各民族之间的文化差异，实现思政层面的发展。

再如，教师可以根据学生的英语基础、语言思维和学习能力将其划分为不同小组。而后让学生以小组为单位进行探究学习，充分发挥优秀学生的带动作用，而且还可以使学生在学习的过程中意识到集体的重要性，培养学生的团队精神和集体荣誉感，这是促进学生思政发展的重要手段，也能有效提升英语课程教学的思政性。需要注意的是，创新英语课堂教学模式对英语教师的教学组织能力、课堂管理能力提出了更高要求，而且需要教师主动了解学生的英语基础、学习情况。因此，教师应当在日常教学活动中增强课堂互动，这既可以活跃英语课堂氛围，也能了解学生状况，拉近师生关系，使学生在教师的引导下实现思政层面的发展。

（三）推进英语教师队伍建设

英语教师在英语课程思政教学方面发挥着关键作用，为了提升英语课程思政教学的有效性，学校需要推进英语教师队伍建设。一方面，学校应当组织校内英语教师定期参与学习培训，学习思政理论知识，让教师以集体的形式研究如何将思政理论和英语知识相结合，从而提高教师的思政教育水平，使其坚定理想信念，并能在英语课程思政教学期间起到示范作用。另一方面，学校组织思政教师、英语教师搭建帮扶小组，运用传帮带机制提高英语教师队伍建设效果，提升英语教师的教学能力、思政水平，培养复合型的英语教师。同时，在传帮带机制的作用下，英语教师和思政教师协同备课，做好教研工作，研究如何通过思政的视角解读英语知识，并增强思政理论的阐释力、说服力。

英语教师需要主动作为，在学校的组织下主动参与培训，与其他教师进行交流学习，借鉴其他教师在课程思政方面的先进经验，而后与自身的教学实践相结合，以此提升自身教学水平，并促进思政元素切实融入英语课堂教学。

（四）改善英语课程教学评价

结合英语课程思政教学需求，教师应当推动思政元素融入课程评价，既要发挥课程评价的诊断功能，也要发挥课程评价的指导和反馈作用。具体来看，教师需要给出全面的教学评价，例如，某位学生在课堂学习期间主动与同学进行互动交流，跟随教师的教学节奏展开思考，这是学生思政发展的重要表现，但由于其英语基础较差，故而未能全面掌握英语知识。针对这一情况，教师可以适当提高学生的教学评价分数，以此肯定学生积极好学的态度，帮助学生树立信心。同时，教师应采用发展性教学评价，指出学生在学习英语知识、思政知识的过程中存在的问题，剖析问题原因并对学生下一阶段的学习实践提出相应的指导建议，帮助学生更高效、更准确地掌握思政理论知识，提升学生的思政修养。此外，教师需要开展交互评价，尤其是让学生对教师的课程思政教学成果进行点评，如思政内容是否与英语知识紧密融合、教学模式是否灵活多样、教学活动是否丰富有趣等，辅助教师做好教学反思，使教师在未来的教学活动中推动思政元素进一步渗透。

英语课程思政对于学生综合发展、教师职业发展和立德树人根本任务的落实具有积极作用，但现阶段的英语课程思政教学存在一些问题。鉴于此，教师应当意识到英语课程思政教学的必要性，推动思政元素和英语教学的深度融合。主动创新课堂教学模式，推进互动教学、情景模拟、主题探究等模式在英语教学中的应用，打造兼具英语理论知识和思政素养的复合型教师队伍，并给出全面性、发展性和交互性的教学评价，多措并举提升英语课程思政教学的有效性。

第二节　高等院校英语课程思政教学内容改革

一、通用学术英语类课程思政教学内容改革

（一）通用学术英语类课程

“通用学术英语读写”为非英语专业本科生通识必修课程，是大学英语核心基础课程，以提高学生通用学术英语阅读理解能力和掌握通用学术英语写作基本要素与技能为总体教学目标。作为一门综合性语言实践课，课程坚持“应用导向”理念，提倡“以说促读”“以写促读”“以读带说”“以读带写”，在教学实践中把“课堂教学”与“课前课后任务”有机结合，在篇章阅读中实践阅读技能，以篇章结构分析促进学生对文章的理解乃至对写作要素与技能的掌握。通过阅读与讨论，培养学生区分事实与观点及进行合理推断的能力，培养学生以规范的学术英语写作阐释对阅读篇章的理解，以及表达独立观点的能力。

“通用学术英语写作”课程以培养学生英语写作实际应用能力和育人为双重目标，以写作的基本流程、语言的有效使用，以及基本的写作策略为主要内容。帮助学生充分认识英语写作的基本规律、学术写作的基本规范，以及说理的严谨性和论证的科学性，为学生日后进行与专业相关的学术写作及参与用英语向世界

介绍中国、传播中国文化等对外交流活动，打下坚实的语言和写作技能基础。课程通过点评、互评、展示等活动，帮助学生切实感受自身写作水平的进步与提高，增强英语写作信心。同时鼓励培养学生用英文写作记录生活和思考人生的习惯，为学生赋能，引导学生树立正确的世界观、人生观和价值观。

其他英语应用系列中的"英汉互译（笔译）""英语口译""英语公众演讲""国外考试专题及要籍导读"和"英语媒体资源与英语学习"等课程，则把听说读写译训练与实际运用紧密结合，帮助学生提高英语综合应用能力。这些课程注重培育学生的独立思考能力、创新创造精神、文化素质、人文与科学精神、协作精神、沟通和交流能力，引导学生学会做人，学会做事。这些课程以立德树人为教育总目标，将政治态度和政治认同融入英语教学，寓价值观引导于知识传授和文本解读之中，启发学生自觉认同，产生共鸣与升华，指导学生用英语讲好中国故事，让中国元素通过具体的英语应用课程深入人心，也让中国文化通过英汉语言交际，更好地走向世界。

（二）通用学术英语课程思政教学

1. 以视听、阅读等输入性材料为课程思政内容依托

内容是语言技能课程的核心，通过优秀的语言素材，学生能够学习地道的语言表达，熟悉附着在语言中的风土人情和文化内涵，从而促进语言能力提升。语言的工具性要依托其人文性，前者的发展是显性的，后者的塑造则是无形的，而且一旦成型则难以重塑。优秀的视听和阅读材料具备显著的时代特征，能够传达与时俱进的信息、概念、观点。同时，优秀的材料也会注重人文经典素材的选取，以经典塑造人，以人文感染人。思政是文化的一部分，因此课程思政教学也应遵循文化教学的基本原则。文化教学，尤其是本土文化在英语教学中的导入需要以内容为支撑，并以此为基础进行拓展。因此，输入性材料需要谨慎遴选。教师应根据教学目标和学生需求恰当选择教学材料，优先选用的材料类型应该包括弘扬正能量和主旋律的视听材料和文章、与中国社会和文化相关的文章、经典文学作品等。课程思政融入教材中有关学习、生活、文化的主题，大学英语课程的教学设计，要让学生既能了解中西方思想文化的差异，又能正确看待理解这些差异，对这些差异有自己独到的见解，使其在对外交流中不但能"倾听"他人的话语，更能"诉说"中国故事，把中国声音带出去，把中国文化传播出去。

2. 以分组合作探究为课程思政学习形式

（1）分组合作探究学习的必要性

在现阶段的大学英语教学中，大学英语教学班规模不断加大，师少生多的现象非常普遍。面对偌大的教室、众多的学生，很多教师依然聚焦于教师的教，教师占据着课堂教学的主导地位，进行的依然是灌输式、“填鸭式”的机械教学。学生处于被动地位，成为观众和听众，有的同学甚至沉迷于手机游戏，根本不听课，不参与课堂教学。针对这种大班英语教学，如何提高课堂效率，增强师生互动，调动学生学习英语的积极性和主动性，对广大教师来说非常具有挑战性。我们可以按照大学英语教学改革的要求，在课堂上实行分组合作教学。实践表明，分组合作教学法在大班英语授课模式下，能够有效提高学生参与课堂教学的积极性、自觉性和主动性，不仅在很大程度上提高了学生的合作能力，激发了学生的团队意识、集体意识和竞争意识，而且有利于培养学生自强、自立、自律的能力。

（2）分组的原则

教师可以在综合考虑到小组成员的性格特点和兴趣爱好特长的基础上，按照性别比例和学习成绩进行组合，每组八九位同学，分组以后每组之间各方面实力比较均衡。寒假期间，教师要求每个小组设计小组 Logo、制定组训，并按照各自的特点分配各个成员在小组中的角色定位，把组员凝聚团结在一起，先进带后进，相互监督、共同进步，争取不让小组中任何一个成员掉队。开学以后，教师可以开始在英语教学中实施小组合作教学模式，教学活动任务以小组为单位，由组长负责，通过成员之间的对话、商讨、争论、互评、互检等合作形式集体完成。根据各组的整体表现、个人学习成绩和个人平时表现，学期末由课代表对各组组长的工作和学习表现进行总评。教师综合考虑后可以挑选更有工作能力和热情，同时英语成绩又好的同学担任组长，以带动整个小组的学习气氛。轮换组长的做法也可以使各位组长有危机感，激发他们的工作和学习热情。

（3）分组合作探究学习的优势

①提高课堂参与度

在传统的大班英语课堂上，课堂纪律松散，八九十名学生散坐在能容纳两三百人的教室里。有些学生认为老师不认识自己，坐在教室的后排或角落，远离教师的视线和监督，沉浸在自己的世界中，不参与教师组织的教学活动，他们玩手机、看视频甚至睡觉。实施分组合作的教学模式后，教师要求学生以小组为单位就近坐在一起，由组长管理，组员之间相互监督，共同合作完成教学任务。每一个小组成员的表现都和小组团队成绩绑定在一起，代表的不仅是个人的成绩，也是整个小组的成绩，各个成员之间相互牵制。以前在课堂上存在感不强的同学会不好意思因为自己课堂表现差而拉低小组的成绩，因此逼迫自己放下手机打起精神，将更多的精力投入到学习任务中，从而在一定程度上提高了课堂教学的参与度和课堂效率。小组合作式教学通过开展灵活多样的互动活动和小组竞赛，让学生有效地投入学习，调动学生参与课堂活动的热情。比如要求学生根据课文内容进行角色扮演，以小组为单位进行班级展示，每个小组都要给其他组的表现打分。为了方便各个小组之间相互评分，教师可以专门设计打分表格，每个小组和老师手中各有一份，同时对同一小组的表现打分，课下由课代表汇总成绩，这种学习模式和评分方式大大提高了课堂教学活动的参与度。

②培养合作和竞争意识

分组合作教学是以小组为单位完成教学任务的过程，需要小组内部各个成员通力合作，相互帮助，相互鼓励，取长补短，共同协作完成教学任务。每个组的完成情况体现的是集体的努力和智慧，大家都期待自己的团队比其他小组更加优秀。这种合作与比较不仅培养了学生的合作意识，也提高了他们的竞争意识，增强了他们作为“利益共同体”的集体荣誉感。每个组员在完成任务的过程中充分发挥自己的主观能动性，力争不给集体抹黑，营造了良好的学习氛围，教学效果也得到很大提升。需要注意的是，教师要引导学生正确认识合作与竞争的关系，在合作中有分工，也有竞争，竞争是为了更好地合作；竞争中也有合作，合作是为了更好地竞争。大家通过合作竞争才能不断成长，共同进步，这也为以后大学生走向工作岗位、步入社会做好准备和铺垫。

③培养学生的思辨能力

分组合作教学模式注重培养小组成员之间相互讨论，互相学习的能力。在小组合作完成学习任务的过程中，一方面，学生要把自己的观点阐述给其他组员，这就需要他们反复深入思考，利用书籍和网络查阅大量资料并进行筛选，运用创造性和批判性思维。学生根据需要重塑资料，理顺思路并积极主动思考、解决问题，在这一过程中大学生提高了思辨能力。另一方面，学生要聆听他人的观点并作出自己的判断，可以学会从不同的视角看问题，改变固有的思维模式。表达聆听和思考判断的过程在小组内部和小组之间反复进行，极大地提高了学生思维的广度和深度，也使学生更加包容开放，能够接受不同的看法和观点，采用最为合理的意见，逐步学会求同存异，全面提高思维能力。

（4）分组合作探究学习的不足

在实施分组合作教学模式的实战中作者也发现了一些问题和不足之处，大体总结了以下两种情况。

①趋于形式主义

有的小组趋于形式主义，小组学习任务基本都是由组长和两三个学习优秀的组员来进行，其他成员参与较少，这些成员的能力依然得不到锻炼和提高。

②语言组织和表达能力差

有的学生在展示自己或者小组成果的时候，不仅英语语言能力较差，汉语言组织能力也苍白无力或者语无伦次。点评环节也存在类似问题，语言表达欠流畅，爱抠字眼，抓不住重点，浪费了本来就十分有限的宝贵的课堂时间。有的学生由于心理紧张，站起来脑子一片空白，只好“沉默是金”。作者发现有两类学生在语言组织和表达方面非常欠缺，一是准备不足的学生无话可说，二是性格内向胆小的学生过度紧张。语言组织能力和表达能力对大学生来说非常重要，课堂上表现出来的不足可以使学生正视自己，尤其是胆小不善言谈的同学，更要未雨绸缪，凡事提前做好准备，这就要求他们在日常的英语学习中坚持不懈地积累有关素材，通过与同学交流甚至是自言自语的方式锻炼语言，做一个能言善辩且能随机应变的人。

（5）分组合作探究下的课程思政学习

思政教学的基本策略是同伴互动，其基本原理就是通过同伴间的互动，相互引导，使学生更为深入地思考问题，并反思自己的思想和行为，从而推动个人价值观的修正和养成。一般认为，在教学中落实同伴互动策略主要采用两种形式，即合作学习和道德困境讨论，前者针对普遍的论题，后者则涉及有争议的话题。教师是课堂的组织者，应根据阅读文章的主题设计活动，鼓励学生在小组内进行充分互动、交流观点、互通有无。研究表明，合作学习不仅能够提高学习者的语言能力，而且能够增强其语言学习的动机，充实他们的思想。此外，探究任务对于认知成熟的大学生有着较强的吸引力，能够引导他们进行深入的研究。因此，读写课堂需要为学生提供合作和探究的机会，通过课堂展示的形式，鼓励学生发出自己的声音。由于语言学科的特殊性，教师特别要注重运用网络媒体等信息技术获取一手资讯，开展教育教学，充分利用丰富的网络信息资源，增强教学的生动性、时效性及吸引力、感染力，从而提高学生的参与度和主动性；同时，作为语言类教师，大学英语教师还应该引导学生发现语言之美，要关注个人和学生的语言表达，引导学生在语言中发现美、体悟美，实现语言教学的美育功能。

道德困境是思政教学的另一重要形式。教师可以通过设计一些含有道德困境的活动，引导学习者进行思考和辩论，使学生在辩论中明是非、通道理。比如，在转基因作物的探讨中，可以引入曾经被媒体广泛报道的黄金大米事件，让学生置身于这样的困境中，思考问题的症结，讨论问题的解决方案，形成和强化自己的价值观。

3. 以任务为显性教学基础

课程思政总体上应该是隐性的，但不妨碍在必要的时候进行显性教学。显性并不意味着说教，而是要蕴含在任务中。任务型教学是外语教学的重要形式，大量实证研究表明其对外语学习者的语法发展有着显著的促进作用。因此，在语言技能课的教学中应该积极引入这一教学模式，充分利用任务的促学功能，引导学习者进行任务反思。

外语教学中的任务一般应该具备以下基本特征：第一，学习者能够表达自己的观点；第二，学习者能够运用自身拥有的语言资源；第三，学习者之间存在信息差；第四，任务的结果是非语言性质的。只要具备了这些特征，任务就能发挥应有的作用。听说课和读写课的任务设定要遵循这些科学标准，通过主题控制适时引入思政内容。比如，在阅读关于贵州旅游的篇章后，教师可以要求学生以小组为单位，为外国游客制作一份中国旅游行程表，并通过课堂展示的形式进行汇报。又如，在阅读关于屠呦呦获得诺贝尔奖的篇章后，教师可以设计一项任务，要求学生制作一个采访屠呦呦的问题列表，并给出理由。这样的任务形式，既能充分调动学生的语言资源，促进语言发展；又能加深学生对于相关思政元素的了解和认识，强化国情教育。

此外，课程思政教学实践在遵循文化教学的基本原则，如诠释、建立关联、反思、批评思维、对比等时，应该积极引导学生关注中国文化，并表达自己的观点，以加深学生对中华优秀传统文化的理解和认同。而在学习有关中国近代史的文章时，教师可以引导学生探讨中国近代落后于西方的原因，并将这些原因与文中西方国家人士的认知进行辨析，揭示其偏见，强化我们本民族的自信心。这样的教学方法不仅能教会学生“尽信书则不如无书”的道理，更能加强国情教育，真正落实四史教育，提升责任感和使命感。

4. 以写作为读写结合抓手

写作作为重要的输出能力，必须基于大量的语言输入才能完成，因此阅读材料的介入尤为重要。在确保学生阅读质和量的基础上，教师应落实读写结合的基本理念，引导学生对阅读内容进行反思。具体而言，在写作任务的要求上需要做到以下几点：第一，基于阅读篇章设计好写作任务。此类写作任务应该基于篇章，同时要适当拓展，既可以是对篇章的内容整合，也可以是对它的反思与辩驳，加强学生的批判思维能力。第二，要充分利用写作素材对于思政教学的辅助功能。写作素材的来源丰富多样，但是遴选的原则要贴近生活，着眼于国情，关乎文化。这样的素材能够激发学生的写作兴趣，使学生调动语言资源，深入地表达自己的观点。第三，重视写作反馈。反馈是了解学生语言能力和思想状态的重要方式，因此教师需要谨慎对待。对于思想积极的案例教师要及时予以鼓励分享，反之则予以纠正。总体原则就是以学生为本，促进学生写作能力提升和积极价值观形成的统一。

（三）通用学术英语类课程思政教学设计案例

这里以“通用学术英语听说”课程“Environment”单元为例，介绍课程思政教学设计过程。

1. 课程思政要点

（1）用英语学习环保知识，提升环保意识。

（2）用英语交流如何运用学科专业知识和从自身做起参与环保，展现环保意愿和决心。

2. 教学重难点

听说课程各单元涉猎广泛，从学习生活到思维训练，从家庭情感到社会新闻，反映个体与社会的方方面面，可以帮助学生打开思路，开阔眼界，增长知识，提升技能。

单元要求学生：结合线上学习内容，识别演讲话题主旨；学习掌握如何在口语讨论中表达“对比”关系；运用所学听力策略在听取其他小组的课堂展示时做笔记；运用所学口语策略进行小组讨论；利用视听材料内容，分析环境问题；讨论环保策略与措施。

单元以小型项目活动为驱动，鼓励学生联系本学科专业知识，尝试提出解决环保实际问题的方案，丰富课堂活动类型，巩固强化学生已学知识内容，提高学生语言实际运用能力，在大学英语课程中实现学科专业的学以致用。关于环保问题的讨论，旨在帮助学生树立正确的环保意识和观念，引导同学们身体力行，从我做起，为环境保护贡献自己的一分力量。

3. 教学内容、过程与方法

听说课程为线上线下混合式课程，学生需要在课前观看教学视频，学习听力策略、口语策略和主题视听材料，并在线完成听力理解、口语录音等相应练习。每个单元都有测验，检查学生对所学内容的掌握情况和应用能力。在线论坛为学生提供充分的师生、生生互动机会，学生既可以参与单元主题在线讨论，又可以就课程学习的其他问题与老师和同学交流。

课堂教学活动包括以小组为单位进行的关于本单元话题的“学术英语课堂汇报展示”、利用有关听力策略对课堂展示内容做笔记、针对课堂展示话题内容的“当堂问答”、对本单元重点学习的听力和口语策略的预习情况检查、对在线视听材料的学习情况检查、针对单元话题内容的小组讨论、对课堂讨论过程中口语策略运用和参与程度的监测、课堂讨论结果汇报与总结、针对题目为“Which should receive priority, environmental protection or economic growth？”的小型辩论、对听力口语策略和话题内容语言知识的总结等等。这些课堂活动，既可以帮助学生回顾、汇总、整理知识性内容，又创设交际场景以供学生实践听说策略、提升语言技能，还对环保和经济发展等问题深入讨论，引导学生关注社会，了解国情国策，提升思辨能力。

课后作业与任务均在线上学习平台完成。在线学习和课堂表现情况均作为形成性评价的重要依据。

4. 教学成效与反思

学生通过在线预习，已经获取有关全球变暖和白色污染等话题内容的背景知识和相关词汇，而有关“校园垃圾分类实施状况”等话题的小型调查研究，则驱动大学英语学习结合社会实践，融入学科专业发展，渗透价值观思考。课堂汇报、讨论、辩论和交流，不但可以训练学生实践所学的听说策略，还让他们相互交流思想，有利于学生强化环保知识，提升环保意识，学会环保方法，有效促进大学英语教学内容和课程思政的有机结合。

通用学术英语听说课程所用教材和在线视听材料可以为学生提供关于某个话题的背景知识，教师应该在教学设计中主动将话题内容和学生所处社会的热点问题和生活实际问题联系起来，做到潜移默化、润物无声。通用学术英语听说课堂上的展示、问答、讨论、辩论等活动，不但活跃了课堂气氛，提高了学生的课堂参与度，而且更容易感染学生，引导学生健康成长。教师应该充分利用话题内容和学生专业背景，激发兴趣，启发思考，鼓励探究，将思政德育的抽象概念呈现于具体的情境和交际中。学生能在此基础上用英语进行辩证的思考与交流，即为思政教育与大学英语教育相结合最理想的方式。

二、专门用途英语类课程思政教学内容改革

（一）专门用途英语类课程

专门用途英语课程以英语使用领域为指向，以增强学生运用英语进行专业和学术交流、从事工作的能力，提升学生学术和职业素养为目的，具体包括学术英语和职业英语两类课程。专门用途英语课程将特定的学科内容与语言教学目标相结合，教学活动着重解决学生学习学科知识过程中遇到的语言问题，以培养与专业相关的英语能力为教学重点。专门用途英语具有很强的实用性和针对性，是大学英语工具性的重要体现，除进行通用英语技能培养之外，还需要提供适度的专业相关英语知识输入与技能养成，同时在教学过程中有意识地融入课程思政要素，既育才又育人，为学生国际化交流打下坚实的基础。

（二）专门用途英语类课程思政教学

1.“体育赛事英语”课程

“体育赛事英语”课程是一门适应体育全球化发展需要的选修课。课程让热爱体育的学生掌握有关体育锻炼、各类体育比赛项目和奥运会等重要赛事的基础

知识，拓展国际视野，欣赏体育文化，帮助学生在学习英语技能的同时，更好地参加体育锻炼，领会体育精神，增强团队合作能力，提升民族自豪感和爱国主义精神。在体育赛事、体育研究、体育文化等国际交流活动日趋频繁的形势下，英语作为全球通用的语言，相关英语课程的实施还能为国家培养国际体育赛事志愿者后备力量。

“体育赛事英语”课程教学内容围绕多个体育项目展开，运用讲授法、多媒体教学法、指导发现法、合作学习法、讨论法、话题演讲法、实践教学法等方式。以文本学习为基础，配合图片、音频、视频材料学习和大量练习，将学生预习、复习与老师讲解相结合，通过大量课堂互动及作业任务，强化知识技能学习。课程还可以组织学生参加或观看体育赛事，参加体育志愿者活动和体育研讨会，并撰写书面记录和报告等。“体育赛事英语”课程抓住课程思政融入体育特色话题内容的点，在讲解体育项目时，要求学生讨论并分析跟中国体育发展相关的内容，培养学生独立思考、分析问题的能力。比如，中国的乒乓球项目为什么有优势？“女排精神”体现在哪里？华东师范大学为什么聘请奥运冠军做老师？中国的足球成绩为什么上不去？ CBA 与 NBA 相比有什么相同点和不同点？在我国如何普及和发展冰雪项目？武术和龙舟两个项目如何走向世界？中国申奥及举办奥运会的情况等。

学生在完成各项小组活动的过程中，与组员互相沟通协调，确保各自分担的小组课堂展示等内容的各个部分流畅自然，成为有机整体。小组学习使得学生的团队合作精神得到培养，能力得到锻炼。组长更是要承担起协调组员角色、分派任务的领导职责。

通过组织观看体育比赛视频、参加志愿者活动等活动，结合实践体会讨论，不仅培养学生对体育的兴趣，还鼓励学生积极参加体育运动，增强体质、锤炼意志，健全人格，提升民族自豪感和爱国奉献精神。

2.“艺体类”大学英语课程

“艺体类”大学英语课程体系，分通用英语和各专业专门用途英语两大模块。通用英语思政教育的融入策略旨在充分挖掘现有教材内容的潜力，做出适合思政教育的内容。如某套大学英语教材在每个单元都有介绍中国传统文化的“Cultural Focus”板块，而每篇课文本身又包含非显性的思政教育元素，课堂教学设计完全可以做到自然、顺畅、润物无声。不仅教会学生用英语讲好中国传统文化，更进一步延伸对学生进行新时代中国国情教育，了解中国思想、中国智慧，坚定中国特色社会主义道路自信、理论自信、制度自信、文化自信。专门用途英语的思政教学策略，则强调依托专业特色内容，着眼于与学生所学专业相关的英语表达，实现学科专业与课程思政的协同发展。

（三）专门用途英语类课程思政教学设计案例

1.“体育赛事英语”课程教学设计案例

以“武术”单元为案例对课程思政教学进行设计。

（1）课程思政要点

学生用英语学习中华传统体育文化知识，提升民族认同和文化自信；提升学生专门用途英语能力，为用英语传播中华传统体育文化做准备。

（2）教学重难点

课程内容涵盖体育运动项目介绍、体育锻炼与奥运基本知识等部分，让学生掌握一定的体育专业英语知识，提高学生在体育专业领域实际运用英语的能力，拓宽国际视野，培养良好的意志品质，使学生在参与国际交流的同时，更好地用英语传播中华传统体育文化。本单元的重点教学内容是竞技武术运动。

（3）教学内容、过程与方法

教学活动包括教师讲解、课前课后阅读、任务型活动、模拟情景口语训练、课堂讨论、以小组为单位进行的课堂展示等。

教学过程以文本学习为基础，配合图片信息和音视频材料输入，进行大量课堂互动与作业练习，帮助学生掌握重点语言知识，提升实际运用能力。

在学习武术起源时，我们要关注汉字“武”的由来及其“止”“戈”的含义，强调中华传统文化对于武术强身健体的认识，以及对和平的追求。教学在介绍梳理国际武术联合会（International WuShu Federation，IWUF）的成立历程时，要强调它对于中国武术发展的重要性；学习有关武术散打项目知识时，要与跆拳道项目作比较，分析中国武术对韩国跆拳道的影响；在讲述武术比赛规则时，要强调体育和武术礼仪的重要性；学习有关武术术语时要强调太极拳套路名词中如野马分鬃、揽雀尾、云手等中华形意文化，引起学生对中国传统文化精髓的兴趣和学习热情。

课后作业主要包括阅读练习和对中外大学体育专业课程设置比较等研究性实践活动。

（4）教学成效与反思

教学过程较多依赖团队协作和合作学习，这有利于培养学生的团队合作精神和组织协调能力。课程还邀请参加志愿者活动的同学谈亲身感受和体会，交流对于爱国奉献精神的认识。

课程总体难度控制得当，知识性较强，体育类学生满意度较高，不但拓宽了他们的国际视野，还增强了其英语应用能力，对未来就业有一定的帮助。但对英语语言能力基础较强的学生，课程的挑战度还可进一步提高。

2.“艺体类”大学英语课程教学设计案例

以“美术英语”课程“中国传统绘画”单元为案例。

（1）课程思政要点

学生通过英语学习体会中国传统书画之美及中华优秀传统文化的深厚底蕴，提升民族认同和文化自信。用英语比较中西美术异同，提升传播中国特色美学理念的意愿和能力。

（2）教学重难点

“艺体类”大学英语课程中的“体育英语”和“美术英语”等课程，是专门为体育和美术等专业学生开设的必修课程（先修课程为预备级通用英语课程）。体育、音乐、美术、艺术设计及播音主持等艺体类专业特长生的未来职业方向与所学专业契合度较高，但他们英语基础普遍较薄弱。“艺体类”大学英语课程强调以教育学和学习科学理论为指导，以学生为中心，贯彻先进教学理念，将思政教育融于教学全过程，明确包含价值引领、知识、能力、综合素质等具体的教学目标，在教学内容中提炼蕴含的思政育人因素，并确保组织与编排符合学生的认知规律。

“美术英语”课程为美术专业二年级本科生开设，内容主要涵盖美术各门类概述、相关艺术家介绍、艺术创作过程的描述、艺术理念的阐释，以及艺术欣赏基本原则介绍等。课程要求学生能完成与美术相关的简短英语材料的输入和输出任务，基本熟悉美术相关交际场合的流程与英语表述套路，并将爱国主义、理想主义及对艺术的执着追求精神，有机融入相关专业语言学习。

本单元重点是中国传统绘画之美及其背后中华文化的深厚底蕴，引导学生独立思考问题。比如与我们的传统绘画相比西方绘画有着怎样的优势、中国书法之美主要体现在哪些方面、如何培养我国的世界艺术大师、中国博大精深的传统文化对于美术的影响主要体现在哪些方面等。以此激发学生对中华文化及其相应的灿烂艺术成就的自豪感，通过比较中西美术的异同，提升学生传播中国特色美学理念的意愿和能力。课堂教学还利用合作完成报告等机会，培养学生团队合作精神。

（3）教学内容、过程与方法

课程在讲述中国传统美术相关知识内容时，特别选取“士大夫”作画主题及相关文化，让学生充分认识写意而非写实取向的由来，了解中国古代的文人风骨。在比较中西美术“写意”与“写实”取向的差异时，通过毕加索对齐白石的推崇等例证，纠正学生的一些如对于中国画不懂透视、学习中国绘画不重视写实功底培养等错误的观念，帮助其增强对于中国传统艺术的自豪感。讲述“书画同源”概念的时候，与西方字母文字作比较，分析汉字之美，以及书法中蕴含的画面与线条之美，加深学生对于汉字的独特性与中国书法的独特审美趣味的理解。

在有关术语学习方面，课程需要强调中国书法术语的独特性，其中的点划、结体及其蕴含的书写要领，均要求有非常中国化的规范表达方式，而这些无法在西方书写文化中找到对等或类似的表达，这一切都需要细心教授，反复操练。

美术英语课程作业多采用开放式，要求学生独立思考同时进行团队合作，对于一些也许没有标准答案的问题（如中西美术孰优孰劣、如何理解当代美术、师古还是独创等），学生要给出自己基于阅读积累的独特思考，从而培养出属于自身的特色审美趣味。

（4）教学成效与反思

经过一学年的美术英语学习，学生在教师的带领下，通过知识输入、资源利用、思维拓展及课堂展示等方式，基本达到教学目标设定的能力培养预期。即通过美术各门类概述、相关艺术家介绍、艺术创作过程的描述、艺术理念的阐释，以及艺术欣赏基本原则介绍等，熟悉美术专业相关的诸多主题与应用场景，加强美术专业基本知识的掌握，拓宽国际视野，同时培养了与基本专业知识相对应的英语理解与表述能力。在美术专业专门用途英语能力养成过程中，通过东西美学理念、绘画技法及其背后折射出的哲学意蕴与传统文化的对比，有机融入爱国主义、理想主义，以及对艺术的执着追求精神的理念灌输，有效达成了思政教育的目标。

由于艺术专业学生文化基础较薄弱的现状一时难以有质的改变，其英语语言能力和学习兴趣都较弱，专用英语课程在教学设计初衷、对学生学习动力与积极性的预判方面，和课堂教学的实际情况尚有一定距离。因此，课程教学内容与策略的改进，应更为契合艺体专业学生的特殊学习需求和能力水平。与此同时，思政教学如何更好地嵌入专用英语教学，使两者形成最完美的融合，这方面的经验和操作也有待我们进一步的总结和优化。一方面，思政教育应力求顺其自然和润物无声，避免刻意、生硬；另一方面，思政内容融入专业教学，没有必要过分追求隐性，而应通过恰当的教学设计，保证课程思政教学成效可观察、可检测。

三、跨文化教育英语类课程思政教学内容改革

这里以华东师范大学为例，其“大学英语课程体系”第二模块（系列选择性必修课程）中的跨文化教育英语类课程，包括“英语国家文学”“英语国家社会与文化”“跨文化交流”等系列课程群。

（一）课程定位

跨文化教育英语类课程兼具工具性和人文性，基于“交互式”教学理念，强调“输出驱动”，强化思辨意识，实现语言技能、学科知识和课程思政彼此渗透、有机融合、协同发展。课程以英语国家文学、社会、文化、跨文化交际等知识性内容为依托，以英语语言应用能力为目标，将语言技能与文化知识相互渗透、有机结合，提高语言综合素养，培养适应现代社会需求的国际化人才。

大学英语课程首先是语言技能应用课程，教学中词汇、术语、句式、文体、修辞等语言知识的输入，各项阅读、视听、讨论、展示、写作等学习任务，都要求学生主动积累语言素材，再通过作业、论文、报告等形式实现学生对所学知识的从容输出。大学英语课程同时是人文教育课程，一方面重视相关知识输入，另一方面更强调培养学生思辨意识，鼓励课外的信息收集和课内的观点交锋砥砺，推动“对知识的协商共筑”，通过各项学习和课堂合作任务，实现“理实一体”。

跨文化教育英语类课程强调思辨意识的培养，使学生从了解碎片化的知识，逐步过渡到使用系统化的文学、文化、跨文化科研方法，对现象进行分析、综合和评估，并最终能够以批判性思维对不同文学、文化和社会内容，独立得出有理有据的个人判断和思考结论。

（二）跨文化教育英语类课程思政教学案例

1.“英语国家文学”系列课程

我们以“英语女作家作品选读”课程中“艾丽丝·门罗（Alice Munro）《逃离》”单元为案例。

（1）课程思政要点

学生了解加拿大文学与文化，提高文化自信；鉴赏作品中的人物，体会女主人公“逃离”的深意，感悟人的成长及其品格的铸造。

（2）教学重难点

《逃离》是诺贝尔文学奖获得者加拿大女作家艾丽丝·门罗的代表性短篇小说集，具有典型的加拿大文学特征。本单元学习该选集中的第一篇同名短篇小说《逃离》。作品讲述女主人公卡拉在现实生存空间中缺失自我因而决定逃离，在逃离的过程中经历内心的挣扎和觉醒最终回归，选择在不完美的生存空间中勇敢、真实生活的故事。

本单元的重点是指导学生了解加拿大文化，从女性主义视角理解女性的成长。难点是作品中的“山羊”及“针”的隐喻。

本单元教学过程主题研讨教学模式帮助学生提高语言技能，培养学生综合分析和思辨的能力。学习的最终目标是通过阅读与讨论，使得学生认识到加拿大文化特性和加拿大人的生存环境。同时让他们从作品人物的身上感受成长的烦恼，实现自我品格的完善。让他们可以用英语来解释文本中主人公的逃离与回归，讲述自己成长中曾经遭遇的烦恼，提升对未来人生的信心。

（3）教学内容、过程与方法

本单元阐述《逃离》作为加拿大文学在英语女性小说演变过程中的重要意义，深入探讨《逃离》的创作手法和艺术表现形式。首先，我们帮助学生了解《逃离》中的小说元素，掌握理解和欣赏小说的路径。其次，引导学生观察英语女性文学传统的变化，掌握《逃离》中女性写作的特征，掌握女性主义文学批评方法。最后，学生运用女性主义的视角陈述自己的阅读感受，针对文本故事内容撰写论文，评述相关作家及其作品。

具体而言，要求学生：了解《逃离》中的小说元素，掌握理解和欣赏小说的路径；掌握《逃离》中女性写作的特征；能够运用准确、清晰、复杂的书面英文句式总结小说情节概要；能够运用女性主义的视角陈述自己的观点。

课堂教学以教师为主导，以学生为主体，要求学生按阅读兴趣组成研究小组，在问题导入（思考）、文本品析（阅读）、互动对话（讲演）、评论反馈（写作）四个环节用英语完成学习任务。课前，教师提出思考问题，学生带着问题阅读小说，查阅英语文献资料，讨论课堂讲演总体思路。在课堂上，各小组对《逃离》小说的历史背景和社会现实、作品思想主题和创作技巧、作家的思想观念和创作倾向，以及代表作品进行评论与分析。在进行课堂英语陈述与汇报课后，学生结合教师评价和演讲的内容进行讨论和总结，并完成英文小论文的写作。学生通过系统性研究门罗和其代表作《逃离》，培养自身用英语阅读、思考、交流和写作的能力，培育自身深厚人文素养的同时，提高跨文化、传播信息和对话的能力。

课前学生阅读短篇小说《逃离》，完成预习任务，了解小说元素的主要内容，掌握欣赏小说的基本步骤，并以小组为单位围绕着本单元的课程思政要点来准备课堂演讲，从作品思想主题、表现形式、创作技巧、作家的思想观念等内容角度进行探讨。课堂分组讨论和教师点评主要关注《逃离》中的小说元素、女性写作的特征、小说情节概要和使用的意象、运用女性主义的视角评述作家，及其作品等相关知识点和难点。课堂教学中引导学生理解小说中“山羊”的隐喻和女主人公逃离后又回归的结局，教师要引导学生探讨后女性主义时期性别关系的转向，探寻女性完善自我和成就自我的方式。在思考女性探索其身份和意识，使学生在反思女性的社会角色和命运的过程中，更深刻体会中国文化特质及社会主义核心价值观的内涵。

首先，教师要引导学生认知和恪守以敬业、诚信、友善修养为内容的社会主义公民基本道德准则。《逃离》中的卡拉一直追求一种更为真实的生活。真实的生活并不意味着富足奢靡的生活，而是靠自己的努力可以追求内心的生活。卡拉尽管住在拖车式的活动屋中，生活拮据，但她热爱自己马场的工作，甚至愿意帮助邻居西尔维娅打扫房子来补贴家用。而她之所以想逃离，是因为她的丈夫克拉克不思进取，整日在电脑前通过游戏度日，没有责任感，使得他们的家庭理想迟迟不能实现。在卡拉与克拉克的关系中，卡拉是友善的、诚信的、向上的，而克拉克则是粗鄙的、欺骗的、颓废的。但是作品最终让卡拉回归到与克拉克的关系中，而没有让她放弃，一方面展现的是卡拉的成长，另一方面则表现了卡拉帮助克拉克的成长，意蕴深长。

其次，教师要引导学生追求自由、平等、公正的美好社会。《逃离》中的卡拉通过两次逃离，试图在现实生存空间中追寻自由和平等。第一次逃离父母是因为卡拉被由生活所迫四处打工的克拉克所吸引，抛弃一切和他一起过一种更为自由且真实的生活。第二次逃离家庭是因为卡拉在家庭中无法确定其作为妻子应有的自由平等身份，她不仅得不到丈夫的关爱，更是失去了与丈夫平等对话的权利。小说中小山羊弗洛拉象征卡拉的自我意识，它的消失暗示了卡拉渴望逃离、寻求自由的强烈愿望。卡拉对“自由、平等、公正”社会关系的执着追求与社会主义核心价值观社会层面的基本理念同向而行。

最后，教师要引导学生深刻理解社会主义家国理念，增强文化自信，自觉投身于建设富强、民主、文明、和谐的社会主义国家的实践中去。《逃离》这部小说不仅体现了女性作家对两性关系的探索，还对家国关系进行了理性思考和反思。卡拉因在现实生存空间中缺失自我而决定逃离。她逃离又回归的过程，反映现代女性试图在现实生存空间中探索自我，进而重新认识外部空间并发现真实自我的过程。卡拉的回归彰显了女性在家庭空间和内心自由空间之间找到了最终的平衡，并最终意识到自己内心的归属感来自那个不完美，但却可以为自己提供生命之源的家园。女性理性回归家庭并坚韧勇敢担负起家庭责任，更体现了女性对家国关系辩证的哲学思考。家庭是社会的基本组成部分，是国家发展、民族进步、社会稳定的重要基石，只有家庭和睦，国家才能安定。

课程采用任务型和主题研讨式教学模式，强化互动式学习（课前预习和课后交流等），互动式教学（在线教学平台丰富教学内容、增加师生交流频次和交流手段等）。互动式沟通（课外沙龙和讨论会等），在以学生为中心的沟通氛围中实现教学目标。

（4）教学成效与反思

在本单元中，学生进一步了解了加拿大文学，基本掌握女性主义文学批评方法，学会从女性主义视角评述作家以及作品中小山羊的意象，可以分析小说的主题和门罗的写作特点。一方面，学生在批判性阅读小说的同时，不时地将中国文化与加拿大文化对比，通过观察作品中的人物关系来反观现实生活中的中国社会及其个人的人生经验，进而对社会主义核心价值观产生共鸣和认同感。另一方面，通过解析与讨论，学生用英语表达自己对不同国家文学与文化的思考，表达对性别关系的反思及直面成长的智慧与勇气，学生的英语能力和跨文化理解与交往能力也可以得到提升。

2.“英语国家社会与文化”系列课程

我们以“英国社会与文化”课程的“教育”单元为案例展开介绍。

（1）课程思政要点

学生可以用英语了解英国教育发展历史与现状，客观对比中英教育，增强道路自信、制度自信和文化自信；用英语探讨教育教学改革宗旨与路径，表达其投身或支持中国教育事业发展的意愿和决心。

（2）教学重难点

教学重点是了解英国在全世界享有盛誉的教育体系是经历长达数个世纪的改革和发展后，才变成今天相对成熟、高效、严苛、灵活的状态。

教学难点在于英国教育体系和教学方式、内容等要素与中国很不相同，学生需要通过一定量的阅读、视听等输入和口语输出检查，才能保证对英国教育体系的基本理解，为进行中英教育对比做好铺垫和准备。

（3）教学内容、过程与方法

课程要求学生课前预习教材中有关英国教育体系内容，结合通过网络、图书馆收集的资源信息，以小组为单位准备课堂展示，详细讲解本章内容，实践翻转课堂学习方式。课程讲解需要有一定的侧重点，并需要与小组研究项目主题相关。小组课堂展示、提问、互评等情况应作为课堂表现记入平时成绩。教师点评总结，补充信息，使本单元知识性内容的学习更加完整。

英国教育工作者认为英国学生在国际上的竞争力越来越小，特别是数学，和别国差距越来越大。事实上，在经济合作与发展组织举办的“国际学生评估项目”测试中，上海高中生连续两年蝉联榜首，而英国学生却一再排在十五名之外。BBC 纪录片 Chinese School 介绍了五位中国教师前往位于英国汉普郡的公立学校博航特中学，完全按照中国模式对学生进行为期一个月教学的情况，力求真实展现教学过程。学生课前观看此片，结合自己的高中学习生活体验，参加对比中英教育差异的课堂讨论，以便更好了解中国教育的成功之处。

除了片中内容上的差异，此片剪辑的特征、片中大量展现的师生间冲突现象、拍摄此片的背景和用意、一部纪录片是否就足以改变英国的教育模式等方面，也值得学生站在局外的、更广的角度进行批判性的思考。

（4）教学成效与反思

学生对于英国教育的了解可能仅限于牛津、剑桥等名校，误以为英国的教育体制是完美的，各个阶层的教育质量都是很高的。事实上，英国对于教育体制的优劣、教育机会的平等、教育质量的担忧由此带来的阶层固化等问题的争论，已经长达几十年之久。我们在进行有关英国教育单元内容的教学时，要引导学生从历史、社会、制度等根本性问题出发，既肯定英国教育的优势所在，又理解英国教育面临的问题和挑战，从而对比和反思中国教育体系中的优势和劣势。对于有留学计划的同学，我们除了帮助学生更全面、更思辨地看待西方国家的教育体系，还要注意引发其刻苦学习、学成归国的意愿。

3.“跨文化交流”系列课程

本书以“世界观、价值观、文化意识和跨文化交际原则”系列单元为案例。

（1）课程思政要点

①学生用英语学习理解并阐述中国传统哲学视域中的世界观基础和中国核心价值观；

②在形成他者文化意识的同时，提升自我文化意识；

③在与英语国家人士跨文化交际中，坚持双向适应原则和协商原则；

④认识西方理论文化维度比较框架的不足，并用中国传统文化的“和合观”解释文化差异与共通基础。

（2）教学重难点

一是中国传统哲学视域中的世界观基础；

二是中国社会核心价值观的根本特质与流变；

三是自我文化意识的培养；

四是跨文化交际过程中双向适应意识的培养；

五是协商与批判思维技能等。

（3）教学内容、过程与方法

第一，学生理解并能用英文阐述中国传统哲学视域中的世界观；了解中西方对世界的产生和存在方式不同的认识。

教学材料：韩国教育广播电视台视频 Easterners see werbs，Westerners see nouns；陈来先生著作 The Core Values of Chinese Civilization。

教学过程：教师通过提问引导学生思考东西方对世界认知方式的根本差异；讨论为何汉语多动词，英语多名词；引导学生思考中国文明的哲学基础，如关系型宇宙观、阴阳概念、生生不息的转化观等，并与西方文明的原子型宇宙观加以比较；引导学生思考世界观基础对我们的价值观的影响；阅读相关材料并讨论；了解、坚持并能用英文阐述中国核心价值观。

第二，学生了解中国核心价值观、当代大学生的核心价值观、价值观的流变与永恒。

教学材料：自编材料“Exercise 7-Facts，Attitudes and Behaviors of One'sOwn Culture”；调查问卷“Core Cultural Values and Culture Mapping”。

教学过程：教师引导学生思考影响中国文化的关键背景和环境因素；引导学生思考中国人的核心价值观，分组分享、讨论、完善自己的反思；在线完成调查问卷；引导学生总结自己所持的价值观中，哪些与中国传统的价值观相去甚远，哪些几乎没有变化；引导学生思考中国价值观体系最为核心的特征是什么；引导学生形成正确看待外来价值观的思想；引导学生讨论并思考如何建立价值观自信；提升自我文化意识。

第三，学生理解“self-other awareness”的含义及其在跨文化交际过程中的重要性，形成正确对待母语文化的态度。

教学材料：网络资源、学生课堂展示材料。

教学过程：教师讲解“self-other awareness”的含义并布置在线探究任务；针对“self-other awareness”含义在跨文化交际中的研究案例中引导学生课堂展示；课堂讨论；引导学生注意跨文化交际的目的不仅在于形成对他人意识，更重要的是，通过对外来文化的了解和反思，能够形成对母语文化客观、深刻的了解，从而提升自我文化意识，提升文化自信。

第四，学生了解在跨文化交际中应坚持双向适应和协商原则。

教学材料：案例“How should she introduce herself？”

教学过程：教师呈现案例；请学生分享自己对案例的分析；结合案例讲解何为“双向适应原则”，在何种情境中（如涉及国情要素时）应当坚持双向适应原则；结合案例讲解何为“协商原则”及其在跨文化交际中的重要性；结合“双向适应原则”和“协商原则”引导学生思考在与英语国家人士打交道时，应当警惕不平等的“权力中心—边缘”结构对文化传播与沟通的影响。

第五，用中国传统文化的“和合观”解释文化差异与共通，使学生认识并超越文化维度理论中的二元对立思维。

教学材料：调查问卷；阅读材料“Cultural dimensions”。

教学过程：学生在线完成调查问卷，但暂不讨论调查结果；阅读相关材料并提问、讨论；呈现调查问卷结果；讨论文化维度理论能否充分解释调查问卷结果；教师引导学生在进行理论思考时要有批判意识；引导学生思考和讨论能否运用中国传统哲学解释调查问卷结果。

（4）教学成效与反思

学生的民族中心主义思维都有很大程度的改善；学生的跨文化敏感程度有很大程度提高；学生对中国传统文化及当代中国青年学生的价值观有了客观认识和批判性见解；学生能够批判地思考跨文化交际中中国视角和中国方法的地位和作用；学生对少数民族文化的理解增强了，并乐于与少数民族同学交往并尊重和欣赏彼此的文化。国内跨文化交际传统上是作为英语专业课程开设的，因此，无论是从课程内容还是从理论建构来讲，课程都是以西方内容中心的，主要目的是帮助英语专业的学生了解西方文化，有效地与英语国家人士进行交际，适应国外留学或生活等。但西方中心的课程会明显缺失中国元素、中国视角和中国方法。

造成这一现象的原因有两点，一方面，跨文化交际作为一门学科，其源头在西方，20 世纪 80 年代才被国内学界引入，在理论上严重依赖西方学界；另一方面，跨文化交际中的一方（英语国家的文化）处于强势文化地位，以往的教学往往以西方文化为中心。改革开放 40 多年来，我们在“了解世界”方面做得非常出色，但随着中国在国际舞台上扮演越来越重要的角色，如何“让世界了解我们”显得尤为重要。在中国，跨文化交际教育不仅意味着“全球话语的中国化”，也应当包括“中国话语的全球化”。因此，在跨文化交际中融入中国元素、坚持中国视角、采用中国方法是教育者应当尽力承担的责任。

四、基于传统经典诵读创新大学英语教学内容

作者在大学英语课程教学过程中发现，大多数学生渴望阅读经典名著并愿意背诵经典段落，但苦于没有养成英文阅读习惯，以及所知经典段落有限，故而对阅读经典名著产生畏惧心理，提起一些经典书目，他们也只是知道有这些书目的存在，没有精读过，更没有背诵过经典段落。因此，大学英语教师可以尝试探索新的教学模式，将人文经典诵读纳入大学英语教学，让学生从经典人文著作中提取信息、认识世界、发散思维，获得审美体验，培养人文素养。

（一）大学英语经典诵读教学模式构建

对于大部分高等院校来说，大学英语经典诵读可以构建以下教学模式，即每学期有为期 16 周的教学周，每个教学周的周一到周六早上 7 点，由老师推送一篇经典名著中的经典段落让学生背诵。一年 2 个学期、32 个教学周，共计推送 192 篇。192 篇经典段落涵盖不同的文学文体和语言风格，具有丰富的人文性。经典段落无论是词的选择、句型的结构，还是修辞手法、节奏韵律等都蕴含着丰富的情感，是生动的人文材料，对学生有深刻的启迪和教益作用。为了便于学生更好理解，可以在每一篇经典段落后附有译文及生词注释。每一篇经典段落都需要学生背诵熟练，并在“FiF 口语训练”App 上录音提交，便于老师监测。每个假期学生都要自主选择一本适合自身英语水平的经典英文名著进行精读，并在开学时上交一篇不少于 1500 字的读后感。在进行名著精读之前，教师要给学生提出三点要求：第一，利用网络查询创作者的创作背景及时代背景、历史地位、大致情节。第二，坚持阅读。教师假期每天都要在班级英语 QQ 群提醒督促学生坚持每天阅读，保持阅读速度，课代表也辅助老师督促同学。第三，在阅读过程中，鼓励同学遇到问题积极和老师互动，以获取更好的阅读体验。

（二）大学英语诵读课程思政教学的内容

大学英语教育在夯实大学生语言综合使用技能和实践技能的基础上，还要注重在大学生价值观念的塑造、人格培养和人文素养提高方面的引导辅助作用。因

此，教师可以给学生推送英文经典诵读项目，并借鉴《了凡四训》中倡导的积极人生价值观和处事方法，引导学生获得学习和思想上历练，实现双重目标。

1. 立命之学

“过去的已经成为过去，明天的还未到来，在过去与明天之间的今天里命运是可以改变的。今天的你已经告别了过去，且过去无法更改，而明天还没到来，明天会是个什么样子完全由今天的你来决定，所以把握好今天，只争朝夕，命运就掌握在你的手中。”这是《了凡四训》立命之学的“命由我做，福自己求”的道理。

（1）大学之门，梦想起点

对于大学新生来说，大学是人生新的起点，新的开始。无论过去基础如何，每个大学新生都应努力把握当下，突破自己，学会掌握自己的命运，这样才能活出自己的精彩。在面对即将开始的大学生活时，学生的心境很不一样：有的极为兴奋，充满激情，满怀期待，志在必得；有的极为放任、潇洒，抱着无所畏惧、游戏校园的心态，对未来比较迷惘；还有一部分学生战战兢兢、缺乏自信，不敢表现自己，总是被动地接受周围的人和事，没有主动思考、辨别的能力。无论学生心境如何，对大学生活抱有如何的期待，只要大学新生多读书、勤思考，用知识武装自己，实现梦想、拥抱美好的幸福生活就指日可待。在大学的学习生活中，我们一定要引导学生相信自己，找准方向，及早做好人生规划，并按照自己的规划，一步一个脚印踏踏实实地走下去。

（2）抓住机会，改变英语学习现状

英语学习一直困扰着很多同学。我们在大学英语课堂上听得最多的一句话就是“老师，我英语基础不好”，这部分同学给自己找好了学不好英语的理由：因为基础不好，跟不上老师的节奏。时间一长，学生思想上就越来越懈怠，英语学习也越来越不好。还有一些同学基础不错，他们对英语学习也有极大的热情，但和一些英语能力尤其是口语表达能力突出的同学一比，就会黯然失色，失去自信心，从而也影响了英语学习的效果。

大学英语教学改革对当代大学生的英语学习提出了更高的要求，那就是在听、说、读、写、译基础语言能力提高的前提下，加强当代大学生的人文素养教育，提高大学生使用英语分析问题、解决问题的能力。因此，在全国大学英语教学改革的大背景下，在教学内容改革方面，高校可以推行“英语经典诵读”项目，这是改变学生英语学习现状的有利机会。只要把握住此次机会，学生在英语学习和人文素养提高方面势必会有很大的收获。

大学英语教师可以给学生推送经典文章及外刊文章，这些文章内容涉及政治、经济、历史、文化等方方面面，内容丰富，思想积极健康，有益于激发学生勇往直前的信念；语言优美并具有代表性，适合学生们背诵模仿。学习者只有在最佳情感条件下，才会有真正的习得。为了让学生保持最佳的情感状态进行经典背诵活动，教师可以给学生讲“了凡先生”的故事，并鼓励学生只要树立了坚定的信念，就没有什么不可以实现的，哪怕英语基础再差，只要肯用心去背诵，就一定能背过。虽然用时可能会比基础好的同学更长，但整个背诵的过程实际上就是一个自我修习的过程。学生在这一过程中反复背诵，反复挑战突破自己，这何尝不是锻炼学生坚韧毅力的一种方式？只要学生用心去理解、用心去背诵，就一定能改变“My English is poor.”的现状，进而踏上提高英语理解能力并用英语解决实际问题的康庄大道上来。

以美国作家亨利·戴维·梭罗（Henry David Thoreau）《瓦尔登湖》的节选片段“love yourlife”为例。在学生们背诵这篇文章的时候，首先，教师将作者的相关生平信息、主要成绩、写作风格特点简单地介绍，以帮助学生更好地理解文章内容；其次，教师从语言点方面简单解释，比如 mean、shun 的妙用，以帮助学生理解性地进行背诵；最后，就文章表达的主旨含义进行升华，并引导学生热爱生活，客观地对待生活中的苦和乐，并能学会积极乐观地对待生活。

通过课堂背诵研究发现，这一小段同学们背诵得相当熟练，基本上都能完成任务。在此基础上，为了强化学生们的背诵效果，教师还可以布置仿写任务，要求学生自己构思相似语境，模仿篇章中的句型用法等，仿写该篇文章。

2. 改过之法和积善之方

我们既然已经意识到不足和错误了，为什么不去改正呢？勿以善小而不为，勿以恶小而为之；不积跬步无以至千里；要从小事做起，不能急于求成、急功近利。

（1）建立学习小组

为了帮助学生快速适应经典诵读活动，激发学生学习的主动性和积极性，在实施经典诵读的方式方法上教师也是想了很多办法，最后决定实施以小组为单位的互相帮助、互相促进、互相监督的集体诵读的方法。根据学生们的期末考试成绩，结合他们上学期的表现和个性特点，教师可以将他们分成几个学习小组，每个班分成8个组，每个小组组员6～10人，选出组长、副组长，并给每一个组员都安排上相应的任务，让每个人都有事可干。例如：根据交流能力、组织能力、基础知识等将学生分为三类，A类为优秀，B类为良好，C类为中等及以下。每组3类学生各1～2人，各小组拟出组织结构、组名、奋斗口号，如快乐小组、智慧小组、希望小组等等。每个组员都有自己的任务，通过不同的任务发挥同学各自的长处和团队合作能力，有的负责词汇，有的负责阅读，有的负责听力，有的负责口语，有的负责翻译，有的负责考勤和课堂纪律，有的负责检查监督作业情况等等。同时小组内的同学一定要遵守相应的小组公约，例如：文明守纪、团结合作、资源共享、荣耻与共。小组中任何一人有困难，其他成员应力挺到底，团结一致，不互相拆台。学习上大家互相帮助，各项目负责人对组员不会的题进行讲解，不让任何一人掉队。

（2）情感引导助力小组团队合作精神培养

学习小组的建立和使用将是推动教学活动的有效助力，所以学习小组的划分也至关重要。教师一定要具体分析每个学生的个性特点和学习情况，最大限度地争取小组划分的公平，同时小组组合完成后也会征求学生们的意见，如果有特殊情况可以适当调整。课堂诵读检查是以小组为单位检查计分，每个学生的成绩都影响本组的整体成绩，小组的最后得分取其他小组打分的平均分。因此，诵读经典活动开始之初，经常有同学反映个别组员背诵不积极拖小组后腿，要求更换小组，甚至有同学还担心小组评分的公平性问题。针对同学们的担心，教师可以经常用《了凡四训》里的改过之法和积善之方，劝诫学生不要急于求成、急功近利，要学会包容他人，适应所处的环境，不要抱怨，要找准方向，积极行动并持之以恒。人无完人，只要是人都有瑕疵缺点，进步的方法就是敢于发现、正视自己的缺点和不足，积极内省，改正错误。

首先，学生要有羞耻心。一个学生如果漠视小组规则，不配合小组活动，而且毫无惭愧之心，就这样天天地沉沦下去，势必会失去同学和教师的信任。我们经常在课堂上看到回答不出问题的学生，很自豪地说“I'm sorry”，这就是缺乏羞耻心的表现。因为没有羞耻感也就无所畏惧，也就不能明辨对错，这样的思想状态是很危险的，如果长此以往势必会犯下更大的错误。

其次，学生要有敬畏心。现在的学生普遍比较浮躁，眼高手低，觉得自己无所不能。在他们看来，上大学就是摆脱压抑的中学生活，要彻底放松享乐，大学的学业对他们来说只是混混日子拿个文凭而已，因此对什么都无所畏惧。一个人如果没有了让他敬畏的事情，那么他就会越发大胆起来，直至犯下无可挽回的错误，所以我们要教导学生要有敬畏心，团结同学、敬重师长、遵守规则、具有规矩意识，因为不守本分、投机取巧、欺骗他人最后终究会被旁人看破，失去人格尊严，如若触犯法律甚至还会失去人身自由。

最后，学生要有勇猛心。一个人之所以有了过错还不肯改正，可能是因为不敢面对自己的过错，得过且过，没有壮士断腕的决心，从而堕落退后。我们常说知错就改善莫大焉，所以教师应经常教导那些耍小聪明或者因基础差而没有信心的同学，要勇敢正视自己的内心并改正自己的缺点和不足，提高个人修行。

一个人如果能具备羞耻心、敬畏心、勇猛心，那么就能有效地改正过失。在此基础上改过有三种方法："人之过，有从事上改者，有从理上改者，有从心上改者"[①]。譬如有的学生不背诵，迫于小组同学或是老师的压力，勉强地背过几篇，但是之后再也坚持不下去了，这就是从事上改。再比如，有的学生考试时作弊没被抓住就会滋生侥幸心理，下次可能会如法炮制，只有从道理上理解了作弊可能带来的一切后果、作弊的危害，他才可能放弃作弊的念头，这就是从道理上改过。最后，改过最深层的方法就是修心。修心，就是心不动，保持清净，那么学生也就不会有坏念头，也不会犯过失了。

在学习的过程中，如果每个学生都能正视自己的缺点不足，并能使用正确的方法改正自己的过失，日积月累，慢慢地每个人都会获得学习上的进步。如果每个人都能正视自己的问题，能客观、理性、辩证地看待其他同学的不足，并帮助同学克服困难解决问题，就能形成一种包容、和气的学习氛围。个人的努力、进步势必会带动整个小组的学习氛围，不但会让自己在学业上进步，无形中也会提高自己在小组中的人气、人缘，小组内部会更加和谐，团队合作意识也会更强。经过诵读活动，我们可以发现改过之法在很多学生身上起了作用，虽然还做不到

① 九思．三平斋读书录 [M]．北京：北京出版社，2018：239。

从“心”上改过，但很多同学正努力从“事实上”改正自己的缺点和不足，努力背诵，不拖小组的后腿。针对这部分同学，教师应经常鼓励他们说这也是积善的一方面，自己主动改正过失，既能提高学习成绩，又能获得同学老师的认可，何乐而不为呢？积少成多，不急功近利必将有所收获。同时，每一次同学们都能很客观地给出中肯的评价和分数，这一点值得为学生点赞。

3. 谦德之效

（1）以谦养世

谦德作为我国的传统美德之一，有谦虚、谦恭、谦让等含义。了凡的谦德之效，以“效”引导大众培养谦德，创造有利于大众化的道德教化氛围，将其思想贯穿于修身立命、改过积善的始终，不得半途而废。通过“谦德之效”，我们引导学生保持戒骄戒躁、谦虚谨慎的作风，只有这样学生才会取得日新月异的进步，达到自己既定的学习目标。在日常学习中，我们经常发现很多学生心浮气躁，好高骛远，眼高手低，做事没有目标；不能准确地对自己进行定位，盲目冲动，我行我素，目中无人，不尊敬师长；不团结同学，唯我独尊。这类学生遇到问题时总是把过错推给别人，或是给自己找出各种各样的理由，而不是针对具体问题想办法解决。长此以往，他们的挫败感会越来越强，但又不肯正视自己的不足，不愿虚心向人求教，最后只会作茧自缚。相反，那些懂得“谦德之效”的学生，在学习中往往会严格要求自己，尊敬师长、团结同学、严于律己、谦虚尚德，注重提高自身的道德修养；在与他人交际时能够做到谦让、换位思考，不会养成事事以自己为中心的利己主义。这样的学生必然能博采众长，赢得老师和同学的认可，将来会有长足的发展。

（2）中西经典碰撞之花

海明威《真正的高贵》中的处世之道与“了凡”先生所倡导的“改过”“谦善”思想不谋而合。在《真正的高贵》中，海明威指出，只有“自制、耐心、自律”才能最接近真实的自己，完成自己的使命。而《了凡四训》中“胜人一筹，高人一等，妄论高贵；真高贵者，唯在于能胜己，汲取前路得失，以期后有所成”则强调了谦虚的功效。

正如上面例子所体现的那样，中西方经典著作中有一些内容和哲学思想是相似、相通的，我们在做经典诵读的时候需要引导学生用辩证的、比较的眼光去看待西方的内容，找出差异，开阔视野，引导学生学会用中国的文化、思想、立场处理世界事务，为中国文化、思想的世界传播打下基础。同时，我们更要引导学生批判性地看待西方经典内容，取其精华，去其糟粕，不要不加思考就全盘接受。例如，在《简·爱》的节选片段中有一段关于三类女性的划分，虽然文章的语言很是优美、简练，比较适合学生诵读，但是文中对三类女性的划分对当代的大学生来说并不利于培养学生的女性独立性和主体意识。教师在教学中要因势利导，结合文章的时代背景，教育学生男女平等，在家庭中责任义务平等，女性同样能通过自己的努力改变传统意义上女性的使命从而改变自己的命运。

《了凡四训》所倡导的“立命之学”“改过之法、积善之方”和“谦德之效”对于帮助新时代的大学生明确人生定位，明辨是非善恶并辩证地思考问题，端正学习、人生态度，提高道德人文素养有重要的借鉴意义。经典诵读是培养学生核心价值观的有效途径之一，我们在实施英文经典诵读的过程中，不但要发掘英文经典中的语言、文化内容，而且还要将我们自身文化中蕴含的经典思想、哲学观、方法论传授给学生，用中国传统的经典思想指导国外经典诵读，取其精华，去其糟粕，以达到让学生学会思辨、培养学生辩证和批判思维能力的目标。

五、基于生态人文素养培育创新大学英语教学内容

高等学校是培养合格人才、引领价值导向的前沿场所。高校教师肩负教书育人、授业解惑的神圣使命。党的十七大报告提出，我国要建设生态文明。党的十八大将生态文明纳入中国特色社会主义事业的总体布局，并把“美丽中国”的生态文明建设目标写入政治报告中。党的十九大不仅指出了生态文明建设的指导思想，还提出了具体的可行措施。作为社会主义事业的建设者和接班人，高校学生应该具有生态视野，如此才能在生态文明建设的时代浪潮中贡献力量。在环境危机严重的情况下，高校培养具有生态责任的大学生也是育人工作的重要内容，所以，大学英语教师需要在教学中将环境主题的讲解与生态意识培养联系起来。在大学英语教学中把生态思想传播融入日常学习中是塑造学生生态人文素养的可行举措。这既有利于学生充分理解生态文明建设的必要性，同时也有利于培养学生关爱自然、全面发展的优良品质。

（一）生态人文素养的内涵

根据《大学英语教学指南》的教学质量要求，大学英语课程所提供的外语教育需要满足两个方面的需要：一是从宏观层次上符合国家战略要求，服务于我国改革开放和经济、社会发展状况；二是从微观层次上符合学生个人的未来发展要求，例如学生跨文化交际、求学深造、工作领域的要求。大学英语课程对大学生的未来发展具有现实意义和长远影响，学习英语有助于学生树立世界眼光，培养国际意识，提高人文素养，同时为学生知识创新、潜能发挥和全面发展提供一个基本工具，为迎接全球化时代的挑战和机遇做好准备。在当前全球一体化进程不断加快的形势下，我国越来越需要同时具备专业技能与英语水平的高素质大学生人才。而且，在面临严峻生态危机的现实情况下，我国生态文明建设需要未来的社会主义建设者和接班人具有一定的生态意识和人文精神。综合考虑时代需求，面向非英语专业学生的大学英语教学不仅承载着提高学生英语水平的重任，同时也可以在培育大学生的生态人文素养方面有所作为。

大学英语教学作为我国高校人文学科教学的一部分，其人文性体现在对多样文化的了解、接受和交流中。而在多元文化并存的当前社会中，大学生需要立足本土，放眼世界，批判地吸收和继承文化，取其精华、去其糟粕，实现以人为本、富含人文关怀的全面发展。因此，大学英语教师需要充分挖掘英语课文中蕴含的人文内涵，根据英语教学内容的不同特点，结合适当教学方法，灵活、高效地促进学生的英语语言能力提高和生态人文素养的形成。《大学英语教学指南》提倡的教学常态是，在任课教师启迪指导下的学生主动学习。不管采用何种教学方式，如任务式、研讨式、合作式、项目式等，教师都要引领课堂教学活动向着以学生为主体的方向发展，引导并启发学生的独立思辨和自主学习能力，使其拥有适当的英语应用能力，并提高综合文化素养，从而满足国家和社会对青年人才的各种需要。

大学英语课程既是重要的教学环节，也是重要的教育环节，是推动学科建设和培养优秀毕业生的关键。教师通过在大学英语教学过程中对学生的生态观念、文化修养、学识眼界进行启迪，充分提升学生的生态人文素养，这在弘扬生态思想和文化传承上具有重要的理论意义和现实作用。本书所论述的生态人文素养，指的是以生态人文主义为立足点而生发的道德、情怀、精神向度。生态人文主义是生态批评领域的一个重要术语，也被称为生态整体主义，显示出人与非人、人与自然之间一种“去中心”的平衡伙伴关系。它将生态维度与人文主义精神相结合，不是从物质的意义上来定义人与地球的关系，而是超越了当前的物质利益，从人类与地球持续美好发展的高度来界定两者的关系。这就扬弃了人类中心主义，同时力主人与万物的相对平等。它是对人类中心主义和生态中心主义的反思和超越，是二者的有机结合，既纠正了人类以自我为中心而向自然无度索取和各种贪婪僭越的行为，又弥补了以生态为中心而未能尊重人类群体在生态环链上具有独特位置的疏漏，因而这种生态立场是维系生态审美、可持续发展的重要理论立场。

人类行为引起了多种环境变化已是公认的事实，如何应对生态危机已成为全世界的共同问题。我国积极寻求环境问题的解决之道，提出了发展生态文明的重要决策。因此，对自然的敬畏、对万物的悲悯、对他人的尊重，都是当代大学生应该树立的生态意识，这也是在生态文明时代中，从国家、社会到个人发展的现实需要。生态批评作为文学与环境的跨学科研究，本身并未远离生态人文素养教育。生态批评从保护环境的角度出发，通过解读文学和文化文本，分析出自然的象征意义及其相关的思维方式。学生对生态批评视角的习得能创造一种环境伦理价值的判断，并从人类中心、生态中心的理解走向生态人文主义的理解。我们在大学英语教学中的生态人文素养培育探索，彰显了将文本、教育、生态批评方法，以及生态可持续发展相互联系起来的努力。

（二）提升生态人文素养的必要性和意义

大学英语课程贯穿非英语专业学生的大一和大二两个学年，是学生人校之初就开始接触的人文课程，较理工类专业课而言，其具有受众广泛、人文色彩浓厚的学科优势。因而在大学英语教学过程中充分利用适当的课文素材，穿插进行生态审美教育，提高学生的生态人文素养，必要且有意义

我们的探索，是要求学生能在掌握教学大纲所要求的英语知识点基础上，对课文反映出的立场观点表达赞同或反对意见，做到观点明确、论据充分。这既能扩展学生独立的思考、分析和表达能力，我们也能在此思辨过程中引导学生发展生态意识和人文素养，使其正确认识人类在生态环链上的位置及其使命。学生只有形成正确的生态意识，客观认识到当前生态危机的严峻性，才能处理好人与自

然、自然与社会、自然与文化的关系。现代的大学英语教育，不仅要以培养学生的听、说、读、写、译各种能力为目标，同时也要培养学生的人文精神和生态意识，使学生既尊重自然存在物的多样性，又维护各种人类群体的环境公正权利。坚持生态人文主义立场，是培育大学生生态人文素养的重要前提。

生态人文素养的培育非一日之功，要在日常教学环节中适时进行。实施语言知识与生态人文素养的培育，是对《大学英语教学指南》的科学性、多样性、针对性和实践性原则的坚决贯彻。我们通过这种大学英语教学模式达到塑造学生健全的环保意识、培育生态审美立场的目的，用理论和实践相结合的方式探讨生态人文素养教育的实然与应然。课堂上对于文本的分析研究体现出大学英语教育与保护环境之间的关系，我们引领学生意识到生态与人文、自然与文化并非二元对立关系，而是互有渗透、交织的体系。

关注环境性对促进学生更广泛地从社会文化视角提高理解能力的作用是显而易见的，而且人类文化中的文化态度和价值观反过来也影响着自然环境。在大学英语教学过程中融汇生态人文主义思想，培养生态意识，显然有助于大学英语教学的深入进行以及英语学科人文属性的充分发挥。

大学英语教学无疑是培养学生语言文字学习能力、拓展学生知识视野的重要领域，但是大学英语教学可以实现的目的不仅限于此，大学英语教学可以让学生形成一种从学科知识到生态意识的全方位教育提升。我们在教学改革中，积极探索以英语教学为载体的教学实践，培育学生对人类和世间万物的关切及对自然内在价值的肯定，从而使学生建立生态人文主义的思想立场，理解人与自然和谐共生的关系，以此呼应生态文明时代对于个人、集体的素养培育要求。所以，厘清生态人文主义的内涵，唤起保护环境的生态意识，在大学英语教学中实现生态审美教育的作用，提升学生的生态人文素养，为实现学生英语水平与生态人文素养的协同进步提供了可行的路径。

（三）生态人文素养在大学英语教学中的培育

我们以《新视野大学英语》第四册课本为例，其中有三个单元（第四、七、八单元）与环境有非常明显的关联。比如，第四册第四单元的主题为“自然：崇拜还是征服”（Nature：To Worship or to Conquer），其用意显然是针对“自然”的话题引起两种不同观点的碰撞，在启发学生领会课文内容的同时，要求他们形成自己的思考与判断。该单元的A与B两篇课文分别以《实现可持续性发展的环保主义》（Achieving Sustainable Environmentalism）与《倾听自然诉说》（What Nature Is Telling You）为题。从生态批评的视角来看，两篇课文分别表明了人类中心主义和生态中心主义的立场。在该单元的导入部分，我们引导学生积极思考并回答与生态危机和环境保护话题相关的词汇和短语，让学生注意可持续发展、生态文明、人与自然关系等当前热点话题的英语表达方式。在进行课文分析时，除了常规的段落划分、写作方法分析等教学步骤之外，我们还尝试将生态批评理论中的生态人文主义思想融入对文章作者观点的剖析中，试图让学生辩证地、整体地对待不同生态的立场，从而对文章内容拥有更加清楚、客观的理解与领悟。

在教学过程中，教师可以设计出一系列的问题让学生深入思考：作者的理性环保主义具体内容是什么？他为何强烈反对生态中心立场的环保主义？在表达不满的过程中，作者用了何种论证方法、如何对其观点加以论证？更进一步的问题是，在生态危机的威胁下，自然的让步与受损要达到什么样的限度？这与生态人文主义的立场是否相背离？是否有悖于我们的生态文明观念？通过对以上问题的深入思考和讨论，同学们在理解课文内容的基础上了解到当前生态批评的最新理念，以生态整体的观点来看待人与自然的关系，从而升华了本单元的主题，领会到绝对的崇拜自然与绝对的征服自然都不是可取的。人类对于地球环境、生态环境需要有关切、呵护的意识。每个人都要明白人与自然的须臾难离，人类必须适度地开发利用自然。人与非人之间并非绝对平等，而是生态环链上的平等，但要保持对他人和非人的仁爱之心。只有这样，学生才更能体会到“绿水青山就是金山银山”的内涵，深切意识到“山水林田湖草是一个生命共同体”，将对生态人文素养的培育进行下去。毕竟，生态人文主义提倡的是人与自然之间和谐互动的主体间性，绝非要求人类无度和绝对地自我牺牲，更不是要把人类拉回古代社会，而是要求人类有限度地发展。人们需要节制欲望，而不是肆意妄为，因而在《实现可持续性发展的环保主义》中作者所谓的“理性”“感情用事”的划分并不成立。

《倾听自然诉说》一文则把人类作为大自然的一部分，以贴近自然、融入自然作为理想生活方式，同时反对城市、科技施加于人类的桎梏。在生态批评的视角下，这篇文章更加倾向生态中心主义立场，号召人们通过想象的方式，像动物那样思考和感觉。这不由得令人想起“近代环保主义之父”、大地伦理学的提出者——奥尔多·利奥波德（Aldo Leopold）那句“像山那样思考”① 的名言。文章作者将家、办公室和工厂比喻为人们亲手打造的“监狱”和“牢笼”，同时还希望远离城市，使身体与草原、大地、树木进行亲密接触，这明确表达了作者对人建环境和工业文明的不满，以及对不被人为因素作用之自然的向往。其思想基调与发生在生态批评第一次浪潮（20 世纪 80 年代至 20 世纪 90 年代中期）时期生态批评家们对远离喧嚣的田园、罕有人迹的荒野之歌颂与赞美如出一辙，是一种典型的生态中心立场。整篇文章都贯穿着对自然状态、自然事物的欣赏，对人工状态、人为制造的厌弃。该作者认为涂抹植物香水的行为意味着刻意远离人类自身的功能与气味，而这表明人与自然世界的疏离。

对此，教师可以启发学生逐层分析，该作者的生态中心主义立场体现在哪些方面？如何辩证地看待作者的自然观？文明、文化、人建与人为是否意味着与自然的二元对立？我国的环境保护如何批判地借鉴西方的环境保护观点？在教学过程中，同学们对于自然、环境的话题具有积极主动的探究热情，通过小组讨论、代表汇报、正反辩论、幻灯片展示等环节，本单元的教学目标顺利达成，并为同学们的议论文写作提供了相当丰富的参考观点和内容。

英语不仅可以作为技能工具，同时也是跨文化学习的媒介。在注重语言学习的基础上，高校英语教师更加需要弘扬积极的价值导向，帮助学生树立自觉的生态意识，使学生为生态文明建设做好准备。在大学英语教学中我们要培养学生生态人文主义思想，要同时注重提高学生的跨文化解读能力和批判性阅读思维，将语言学习与课文内容相结合，培养学生完善的人格、正确的生态价值观与生态审美意识。

六、基于地理空间视角开展英国文学选读课程思政教学

地理空间视角有助于挖掘文学作品隐含的家园意识、国家民族认同情感，通过探究地理伦理信息，可以培养学生的伦理道德。地理空间视角有助于深度挖掘英国文学作品的语言形式、语言符号背后蕴含的思想价值和精神内涵，帮助大学生树立社会主义核心价值观，开启有温度的人生旅程。

① 王子居．天地中来 [M] 北京：线装书局，2019：30。

英国文学选读是英语专业的必修课，其研读对象自然是英国经典文学作品，课程培养目标之一是培养学生对英国文学作品的欣赏和批评能力。空间是文学作品的重要构成元素，空间批评是文学批评的重要方法之一，那么在文学作品的空间批评实践中是否可以实施课程思政呢？

（一）家园意识与国家民族认同

爱国是社会主义核心价值观的重要内容。地理疆土及地理关系是国家概念的重要体现媒介。没有疆土，就无法产生民族认同意识，自然也就没有国家存在。我们进行英国文学的课程思政教育时，探讨文学作品的地理空间书写，不仅可以激发学生热爱自然的崇高情感，而且适当通过中外文学作品对比，更能厚植学生的国家民族认同情感。

英国中世纪古英语作品《贝奥武甫》（Beowulf）被视为英国的民族史诗，其中的地理空间叙事较为生动地表现了家园和荒原对立的主题。丹麦国王赫罗斯加（Hrothgar）与人民修建了一座宏伟的礼堂“鹿厅”，以供国王和他的部下宴乐、休息。鹿厅成为欢乐、安全、幸福、休闲的地方。

我们可以将这个地方理解为一个家园，这里有灯光、欢声笑语、可口的美食、温暖休息的处所，显得温馨、祥和、幸福。这个地方之所以被命名为“鹿厅”，因为它象征了王权，有国王、官员、士兵、行吟诗人等在此聚集。因此，鹿厅这个地理空间将国家和家园融为一体，这意味着国家的安定是家园祥和的保障和前提，政通人和可以让身处这个国度的人民享受到安全和幸福。这样，家园情感和国家民族认同达成了一致。但是，这么一个明亮而充满欢乐的地方却招致了外部力量的嫉妒和仇视，一个名叫格兰德尔（Grendel）的恶魔趁着黑夜的掩护潜入鹿厅，杀死酣睡的武士。格兰德尔的居住地是沼泽地，那里浓雾弥漫，显得荒凉、无序、危险。我们可以看到国家正遭受外部异己力量的入侵和破坏，整个国家陷入恐怖之中，百姓自然忧心忡忡，无奈国王年事已高，且国内没有武士足以击败格兰德尔。但丹麦王心胸开阔，接受了来自邻国武士贝奥武甫的援助，恶魔及其母亲被消灭，鹿厅的危险解除，丹麦王国的百姓再次享受到和平的生活。

这里金碧辉煌、灯火通明、欢声笑语的鹿厅不仅是一个国家的地理中心和王权中心，而且是丹麦王国的情感和认同中心，象征国王与他的武士、百姓有着良好的关系，鹿厅是这种认同情感的地理体现。这个地理中心被外部势力侵犯，意味着丹麦人的家园情感受到了冲击，丹麦国王不希望他的国家被无序和暴力所破坏，不希望他的国度变成被恶魔统治的荒野，便欣然接受贝奥武甫的援助。当恶魔被消灭后，鹿厅这个地理空间再次成为国王与武士、百姓一道共庆胜利的欢乐场所，这体现了家园意识和国家民族认同的统一。

遭受外族侵略的苦难叙事也是中国现代文学的常见题材，作家笔下常出现毫无生机的地理景象，那里的人民虽然善良且勤奋，却过着十分悲苦的生活。这从九叶派诗人穆旦的诗篇《荒村》中可见一斑。

该诗完成于 1947 年，中国刚摆脱日本侵略者铁蹄的蹂躏和践踏，又陷入内战的苦难之中。诗的标题《荒村》暗示了一个死亡主题，诗行正是通过地理景观书写呈现了死一般的景象，虽然是春天，却没有一丝春天的生气。穆旦 1935 年进入清华大学读书，但是，随着日本帝国主义逐步占领中国的广大地区，他流亡到昆明，与来自北京大学、南开大学的师生一起，成为西南联大的学生。从北京到长沙，再到昆明，穆旦目睹了中国大地的凄苦景象。我们将《荒村》与遭受外族入侵的英国文学作品进行比照，无疑能激发学生的家园意识，记住国家遭受外敌蹂躏的苦难历史，激励其为中华民族的伟大复兴而勤奋努力。

英国浪漫主义诗人威廉·华兹华斯（William Wordsworth）的诗篇《我好似一朵流云独自漫游》有鲜明的家园地理记忆主题。诗题中的“漫游”与“流云”暗示一种无根的漂泊状态，但诗作都陶醉于英格兰湖区的美丽景色，湖边那些随风摇曳的艳丽水仙花扫除了他内心的茫然感和忧郁情绪，代之而来的是喜悦和欢乐。虽然华兹华斯对工具理性持批判态度，他却是热爱英国的。诗中的湖区让他找到了灵魂的寄托，成为家园般的情感寄托之地，诗人的国家认同通过地理叙事得到了充分的表达。

（二）地理空间与伦理道德教育

国内高校英语专业课程英国文学选读所选材料是英国文学史的经典名篇，大多包含丰富的伦理教诲，对塑造学生正确的世界观、人生观价值观有积极的促进作用。课程思政要求授课教师要将隐性的道德伦理主题挖掘出来，并以生动有趣的方式传授给学生，使学生易于接受。空间经历和空间体验是人类生活不可或缺的组成部分，我们注重挖掘文学作品的空间伦理题，有助于课程思政取得良好效果。

杰弗雷·乔叟（Geoffrey Chaucer）的《坎特伯雷故事集》是王守仁主编的《英国文学选读》所选材料，故事叙述者说他与其他旅行者去坎特伯雷朝圣时借宿了萨瑟克的泰巴旅店，“旅店的房间和马厩都很宽敞，把我们个个安顿得十分舒适”。伦敦是世俗之城，泰巴旅店位于伦敦郊区，其所在的萨瑟克现已成为大伦敦内部自治市。故事叙述者说这间旅店宽敞明亮，居住条件十分舒适，这个地理空间隐喻伦敦这个世俗空间的物质世界，这个物质世界满足了人的感官需求，因此让人感到十分舒适。这些朝圣者离开这个舒适的旅店，离开伦敦这个世俗的空间，去坎特伯雷朝圣，这个旅程是有象征意义的，象征从物质世界迈向精神世界。这个空间移动或者说空间旅行实际上成为整个《坎特伯雷故事集》的中心主题。例如，“总引”介绍的第一位人物是骑士，他不畏艰险，南征北战，体现出勇敢、谦卑、朴素等美德。这位骑士被首先介绍给读者，这种位置安排本身就体现了乔叟对他的褒扬。再如，文章通过讲述一位老太太和一位年轻骑士的婚姻故事，以诙谐、幽默、夸张，甚至奇幻的叙述方式告诫读者，诚信、仁爱等美德的永恒意义。

同样，蕴含伦理教诲的地理空间书写在现当代英国文学作品中也得到充分体现，城市地理空间常成为现当代文学表达伦理主题的艺术媒介。王守仁主编的《英国文学选读》收录了乔伊斯（Joyce）的短篇故事《阿拉比》（Araby）。该短篇小说是《都柏林人》的第三个故事。《都柏林人》由15个短篇故事组成，乔伊斯本人曾说，他创作这个故事集的目的是“写一章我的国家的道德史，我选择都柏林作为背景，是因为那座城市对我来说就像是瘫痪的中心”。这里，乔伊斯把西方都市生活状态与道德麻痹联系了起来。《阿拉比》主要叙述了一个小男孩的故事，小说没有告诉读者他是否有父母，但他寄人篱下，在婶婶和叔父家里生活。小说的开始是对都市街道的描写：

“里士满北街道是条死胡同，很寂静，只有基督教兄弟学校的男生们放学的时候除外。一幢无人居住的两层楼房矗立在街道封死的那头，避开邻近的房子，独占一方。街上的其他房子意识到各自房中人们的体面生活，便彼此凝视着，个个是一副冷静沉着的棕色面孔。”

“死胡同”的原文是“beingblind”，这里的blind是一个形容词，表示盲视、看不见。当然，这种盲视更多指的是精神道德层面的象征含义，是指内心缺乏光亮，没有目标，看不见希望。与这种精神状态相对应，这里的街景显得清冷，缺乏生机，各栋房子相互凝视，没有关爱和友善的氛围。“冷静沉着”的原文是“imperturbable”，含不易动情感、冷漠之意；颜色词“棕色的”（brown）在乔伊斯的作品中常与死亡相关。因此，《阿拉比》开篇的地理空间暗示这是一个物质相对富裕的地方，人们过着体面的生活，但他们之间缺乏交流和关爱，没有形成一个情感认同的共同体。冷漠已经让他们的内心处在黑暗之中，心灵没有光亮，看不见希望。死胡同的地理空间有效地表达了人们精神层面的麻痹状态。叙述者特别提及这条街上有个基督教兄弟学校，由此读者不难推断，这里的居民以前一定在这所学校上过学，但他们成人后并没有兄弟情，这就构成了一种反讽叙事。

可以说，《阿拉比》开篇处的地理空间奠定了整篇小说的伦理主题。在随后展开的故事中，叙述者告诉读者，都柏林冬日白天短暂，胡同里面一片漆黑，街道上只有微弱的灯光，小男孩与小伙伴们穿梭在街道、胡同之间嬉闹。整个小说只有 2000 多字，但“dark”（黑暗的）这个词被重复了 9 次，这是一种前景化修辞手段。小男孩的婶婶和叔父对他并没有多少关爱，他的生活状态就如同傍晚时刻的黑暗街道。与成人不同，他在这黑暗的街道上寻找着一丝光亮，他的小伙伴曼根的姐姐出现在他的视野中，被他视为可以给生命带来光亮的精神寄托，但是，小男孩甚至不知道这个与光亮相伴的小姑娘的名字，这表明他对光亮的追寻还没有找到正确的方向，如同那个死胡同般没有出路，小说也以小男孩最后的受挫收场。

诺贝尔文学奖获得者多丽丝·莱辛（Doris Lessing）的短篇小说《屋顶丽人》（A Woman on a Roof）也被选入该教材，其地理空间也颇有伦理含义。该小说的故事发生在伦敦，三个蓝领工人顶着夏天的烈日，在一栋楼的屋顶修理排水沟，突然他们看见另一栋楼的屋顶上有个女人在晒日光浴，她躺在一条毯子上面，只穿着一件比基尼。在 5 天时间里，男人们不时地跺脚、吹口哨，想引起女人的注意，但女人却对他们的举动无动于衷。这个故事写于 1963 年，当时正值西方女权主义浪潮高涨时期，于是这篇小说便被认为表现了女性对男性的反抗。但是，如果我们关注一下小说的地理空间安排，则可发现小说中的三位男士和那位女士分处两个有距离的空间。这种距离的隔阂象征着性别、阶层，甚至权力层面的隔阂，表明作为老牌的资本主义国家，英国虽然物质非常丰富，但仍存在严重的社会撕裂，这种撕裂表现为不同性别、不同阶层之间缺乏理解和关爱。那三位冒着烈日干活的蓝领工人属于社会底层人士，那位享受日光浴的女士则属于中上层社会阶层，他们之间的对立和怨恨暗示了性别、阶层之间交流和理解的缺失。此外，那两位年龄较长的男士代表父权发声的场景也表明，父权文化构建起来的霸权话语缺乏对他人的关爱和同情之心，其后果是加深了人与人之间的怨恨和仇视。所以，小说接近尾声时，那位具有浪漫情怀的青年人汤姆跨越两栋楼之间的空间距离，来到女士身边力图向她表达友谊和好感，却遭到了女士的冷眼和斥责。

（三）地理叙事与意识形态批判

语言是一种符号，能够被有效地赋予意义，因此，语篇大多带有价值判断。相应地，文学作品中的地理叙事也是一种言语行为，其符号性决定了它的意义性，蕴含着说话者的价值判断。同时，地理与空间相关，就此而言，地理叙事就演化为一种空间生产行为，与特定时期的政治、经济、文化等语境相关。我们通过对英国文学作品地理叙事背后的丰富信息进行挖掘，在增强学生的专业知识的同时，可以有效地塑造他们热爱社会主义中国的世界观和价值观。

丹尼尔·笛福（DanielDefoe）是 18 世纪英国冒险小说家，其代表作《鲁滨逊漂流记》叙述了鲁滨逊进行殖民活动的海外冒险经历。鲁滨逊之所以遭遇沉船失事而流落到一个荒岛上，起因乃是他从美洲垦殖地来非洲贩卖奴隶，因此，鲁滨逊的身份是一个白人殖民者，他在荒岛上的一系列活动都体现了白人殖民者的行为。

首先，他抵达荒岛实际上就是对这个岛屿的殖民侵占。王守仁主编的《英国文学选读》节选了小说第四章的部分内容，叙述鲁滨逊在荒岛上选择和修建住处的故事。选文告诉读者，鲁滨逊是一个有知识的欧洲殖民者，他充分利用了天文学、地理学、数学等知识来选择一个最佳栖息地，这种知识就是欧洲殖民者引以为豪的文明。同时，他的栖息地规划本质上就是对殖民地的一种空间规划，这是欧洲进行殖民空间生产的缩影。

其次，如果结合整部小说，读者还会有更多的发现，鲁滨逊在进行空间生产时，也显示出了殖民行为。他对山墙上开掘出来的山洞进行了布置，并将其命名为城堡，里面放置火药、枪、《圣经》等物品，这实际上是将欧洲空间移植到一个海外荒岛上。城堡在欧洲具有悠久的历史，是权力中心的象征，普通百姓无法享用城堡的舒适和便利，它通常是部族首领、国王或者大臣等权贵阶层用来抵御或者进攻敌对力量的空间组织，它象征着中心。鲁滨逊住在城堡里面，表明他是这个空间的主人。城堡所在的空间与外面的空间用篱笆分离开来，暗示不同文明层次之间的界限。鲁滨逊从食人族手下救了一个土著人，因为刚好是星期五，他便将这个土著人命名为星期五。他们的关系从最早的伙伴关系逐渐演化为主仆关系，鲁滨逊不仅将欧洲白人的语言和信仰传授给星期五，而且规定星期五只能住在城堡之外的空间里面，星期五所住空间之外则是野蛮的荒野空间。这样，以城堡为中心，越往外，文明性就越低，虽然层次分明，有秩序感，但实际上是一种资本主义的空间生产建构，殖民者成了空间的主人和主宰。

艾略特（Eliot）的诗歌《荒原》是一首微型史诗，涉及英国伦敦、欧洲大陆、苏联、印度等众多地点，具有丰富的地理信息。“荒原”这个题目本身就指涉了一个地理空间，它与神话有关。这样，《荒原》的地理叙事就具有将现实、历史与神话融为一体的丰富主题含义。艾略特给《荒原》的注释说，他创作这首诗是受到了《金枝》《从仪式到传奇》这两部人类学著作的影响。这两部人类学著作皆涉及时间流逝对生命更替的影响，聚焦繁殖仪式。《从仪式到传奇》特别记载了与圣杯传奇相关的渔王的身体状况，渔王年老体衰，或者生病，甚或受伤而丧失了繁殖能力，他的王国变成荒原状态，谷物不生长，动物失去繁殖能力，只有出现一位勇敢的骑士寻找到圣杯，才能解除这种虽生犹死的荒原状态。《荒原》发表于 1922 年，距离第一次世界大战结束不久，评论界倾向于认为该诗表现了第一次世界大战后西方资本主义世界的精神状态，即没有精神信仰，工具理性已经将西方资本主义世界带入了虽生犹死的状态。

《荒原》开始的四行诗是：“四月是最残酷的月份，从死亡的泥土中抚育丁香，把记忆和欲望交织，用春雨唤醒干枯的树根。”这四行诗涉及季节时令、植物、土地状况等情况，有很强的地理信息。整个大地呈现虽生犹死的状况，虽有丁香，但土地却呈死亡状态；虽有春雨，但根茎却没有得到滋润。这里的地理景观与乔叟《坎特伯雷故事集》里面充满甜蜜春雨的地理背景迥然相异，是一种处于生与死、冷与暖等二元对立之间的阈限状态，一切显得十分虚幻，这也体现在艾略特对伦敦城的描写上：“虚幻之城，笼罩在冬日清晨的黄色雾气之中，一群人从伦敦桥上鱼贯而过，那么多，我没想到死亡放倒了那么多人。”黄色雾气暗示了伦敦的工业状况，正是工业革命使得英国发展为日不落帝国，伦敦成为整个资本主义世界的中心，但现在这个中心显得那么虚幻，从伦敦桥上走过的人幻化成了鬼影，过去的帝国中心成了但丁《神曲·地狱篇》中描写的地狱景观。

如果说时间叙事是线性的、单一的，那么将伦敦与地狱并置的地理空间叙事则能使时空得到重叠，突破了线性时间移动的单面性，走向了蒙太奇的多重时空体。在王守仁主编的《英国文学选读》所选录的《荒原》第五部分“雷霆说的话”中，有这样的诗行：“What is the city over the mountains/Cracks and reforms and bursts in the violet air/Falling towers/Jerusalem Athens Alexandria/Vienna London / Unreal”（山那边的那座城怎么啦 / 破裂修复在紫色的空气中溃决 / 正坠落的塔楼 / 耶路撒冷雅典亚历山大 / 维也纳 / 伦敦 / 虚幻）。城市是文明的中心和象征，但这些城市却没有形成象征具有生命力的完整性，而是出现了裂痕，虽经常被修复和改造，但终究是溃决。紫色的空气暗示接近傍晚时刻，象征黑暗（死亡）即将来临。原诗行中的动词是一般现在式，表明这种状态没有停止过；现在分词“falling”则表示那些塔楼正在坍塌。那五座城市跨越亚洲、欧洲、非洲三大地区，与中世纪欧洲人所知晓的世界地理空间范围相吻合，暗指整个文明世界，同时，那五座城市在数目上与《圣经·旧约》里面因沉湎于欲望和物质享受而被神所毁灭的五座城市相呼应。形容词“虚幻的”单独一行，以前景化的叙述方式否定了这五座城市所代表的西方物质文明。

空间叙事解除了时间的约束，能够在过去与现在、生与死、现实与虚幻之间任意穿梭。倾听或者诵读这样的诗歌场景，听众或读者内心会产生虚幻感、失落感，甚至幻灭感。例如，“火诫”部分第一诗节描述秋天来临，泰晤士河岸边夏天夜晚消遣、游乐的女士和富商弟子已经离开，这是写实。艾略特又通过用典和特定的措辞增加了一种虚幻感。该节第一行有“The river's tent is broken.”。就实际而言，河流指泰晤士河，帐篷则指夏天茂盛的树枝而形成的遮阳处所，现在秋天来临，树叶凋落，帐篷自然就破裂了。但是在《圣经·旧约》里面，“tent”则指帐幕（tabemacle）或者神圣之地，在荒野中流动的以色列人需要用这种小型的帐篷供奉他们的神。《圣经·旧约》“以赛亚书”第 33 章第 20—21 诗节称耶路撒冷是帐幕，不能有丝毫损坏，而且还会出现一条宽大的河流，河上没有喧嚣的船只。但眼下的泰晤士河边的帐篷破落了。夏天夜晚游乐的男男女女会留下空酒瓶、三明治纸袋、丝手帕、纸板盒、烟蒂等，河边一片狼藉和肮脏，这些男女离开后，却没有留下地址，他们只是逢场作戏罢了。正因如此，说话者感到绝望和无助，只能“坐在莱门河边，哭泣……”莱门的英文单词“Leman”可做妓女解，在莱门河边哭泣，这里可解读为在泰晤士河边哭泣。此外，日内瓦湖在法语中拼写为“Lake Leman”，艾略特于1921年11月中旬至12月在此接受治疗，其间完成了“火诫”部分的初稿。所以，这位因绝望无助而哭泣的人正是艾略特本人。在哭泣的时候，他听见惩罚人类的一阵冷风来了，“阴曹地府”的骨头发出咯咯声，传来阵阵窃笑。这样，在大幅度的时空跨越中，诗人以世纪末的恐怖景象预示了西方文明的没落走向。

18世纪、19世纪是英国逐渐走向鼎盛的时期，这个时候的小说常出现缺场的地理叙事，这个缺场的地理就是英国的殖民地，在场的是英国家庭、英国乡村等英国本土地理空间。但是，缺场的殖民地理在很大程度上决定了在场的英国地理空间的稳定性，以及小说人物的命运走向。例如，《远大前程》中那位被皮普救助过的逃犯马格维奇，后来到澳大利亚发迹，通过中介人皮普资助，希望成为跻身上流社会的绅士。这里，皮普所在的伦敦与马格维奇所在的澳大利亚形成了一个流动性的空间，宗主国的繁荣依赖殖民地的财富。同样，《简·爱》也涉及英国与其殖民地之间的问题，简·爱之所以决定回到罗切斯特身边，一个很重要的因素是简·爱继承了亲属的一大笔遗产，而这笔遗产来自海外殖民地。从某种程度上说，来自海外的财富决定了简·爱的婚姻、家庭和命运走向。该小说中的另一个人物圣约翰也与海外殖民地有关，他准备去印度传教，希望娶简·爱为妻以便她能成为他海外传教的助手。可以说，英国文学选读课讲授的这两部小说具有相当的典型性，海外殖民地理空间的经济收入影响着与国家、个人命运紧密相关的英国家庭、个人婚姻等诸多方面。但是，我们必须清楚，缺场的地理空间不断地将财富送往在场的地理空间，来自缺场地理空间的人物（马格维奇）显得苍老、低下，而在场的地理空间人物则显得绅士、高贵，这充分显示了殖民地和宗主国之间的不平等地位，显示了宗主国对殖民地的剥削和压榨。

英国文学有着从中世纪到当代的宏阔时空跨度，经历沧海桑田、白云苍狗的变迁与发展，每个时代将其特有的价值观、伦理道德、风土人情等留在了那个时代的文学作品之中，并且体现出特定的价值观。有中国学者指出，就语言、文化、文学研究而言，从来就没有离开政治的无价值判断的讨论。就价值判断而言，教师在进行英国文学教学时，要自觉地以价值引领教学，在让学生了解对象国家语言文化知识的同时，要学生从特定的角度出发，深度挖掘语言形式、语言符号背后蕴含的思想价值和精神内涵，从而帮助学生树立社会主义核心价值观，开启有温度的人生旅程。

七、将工匠精神融入大学英语课程教学内容

从狭义讲，工匠精神是指匠人在制造产品时追求高品质，一丝不苟，拥有耐心与恒心。广义的工匠精神则是指从业人员的一种价值取向与工作态度，与其所从事的专业息息相关，体现为从业过程中对职业的态度。它是在生产过程中坚持质量至上的职业操守，重视每一个生产细节，体现一种追求高质量产品的崇高精神。进入新时代，我国由制造大国转向制造强国，制造强国需要工匠来支撑。现在我国由于核心技术缺乏，且正处于产业结构升级的阶段，为了发展强国经济，人才的培养至关重要，尤其急需一批创新型人才来突破核心技术，这就需要高校培养又精又专的匠人。从人才培养的需求来看，在学生的日常生活和专业课教学中融入工匠精神非常有必要。

（一）结合时事融入工匠精神

在开展大学英语课程思政教学时，教师可以在授课过程中融入工匠精神，融入时要遵守传承的原则，可以播放一些从“学习强国”平台下载的“大国工匠”的系列片来营造良好的氛围，使每个学生在熏陶中学习和感受工匠精神，提升他们的职业道德素养。

之前武汉作为新冠病毒疫情的暴发地和重灾区，起初被感染的患者数量每日都在成倍暴增，医院能够提供的病床和接纳病人的数量是远远不够的。为了打赢“抗疫战”，武汉火速开建“火神山”“雷神山”两大医院，这两所医院从方案设计到建成交付仅仅用了10天的时间，十天十夜两所医院拔地而起。“抗疫战”正如一场战役，胜负就在分秒之间，时间不等人，病毒不等人，我们用中国速度跟病毒进行了一场大决战。医院的建设和管理工程充分展现了中国建筑领域的团队

职业精神和工匠精神。教师可以深度挖掘这些抗疫战资源，将其作为案例引导学生尽早形成专业志趣，培养学生的家国情怀，以及工匠精神。

（二）工匠精神与新媒体协同培养

在网络新媒体时代，大学生虽然身处校园，却借助网络这一主要传播载体得以无限制地接收来自全世界的信息，学生的成长环境得到了极大拓展，互联网成为大学生成长不可或缺的重要环境之一。互联网的资源浩若烟海，高校可以通过新媒体来宣传和培养大学生的工匠精神，在各种新媒体平台如微信公众号、微博等举办以“杰出校友”为主题的讲座，积极宣传以“职业道德”为主题的文章，达到在其他载体培养大学生工匠精神的目的，实现新媒体育人。

（三）树立榜样，引领工匠精神

优秀的工匠是继承工匠精神的保证，教师在弘扬工匠精神时，应主动寻找身边的“工匠”，深入他们的工作和生活，跟随并记录他们工作生活的点滴，为他们撰写个人事迹，让全社会去认识他们，理解他们，形成赞美工匠和尊重工匠的良好氛围，用身边的榜样来激励学生认真学习、认真工作的精益求精精神的养成。教师也可以利用“学习强国”App 中各行各业的大国工匠作为课堂教学的典范，促使学生树立爱岗敬业的意识和对工匠精神的传承。具体到英语的教学中，教师应该将具体课程内容与工匠精神相结合。

作为中华民族的优秀传统文化和民族精神的工匠精神，其借助思想政治教育方式更好地发挥了责任和使命的作用，具有提高大学生职业素养的功能。在大学生形成价值观的关键时期，我们将工匠精神巧妙地融入日常的教学中，这丰富了学生的理论知识，提高了人文素养，为学生树立职业担当和责任意识铺就了道路。

八、将传统文化融入大学英语课程教学内容

（一）大学英语课程思政与传统优秀文化融合的必要性

探索大学英语课程思政与传承优秀文化的融合性教学活动，是新时代立德树人的工作要求，符合大学英语教学可持续发展的形势需要，具有重要的现实意义。

首先，大学英语课程思政与传承优秀文化相融合是高校政治建设的工作内容。

高校是党的意识形态工作的前沿阵地，承担着为中国特色社会主义事业培养各类人才的重要使命。高校只有增强社会主义意识形态的引领力，积极宣传中华文明成果，才能帮助青年学生树立起中国特色社会主义道路自信、理论自信、制度自信和文化自信，才能引导青年学生树立共产主义的远大理想，坚定信念，不断增强国家的文化软实力。

其次，大学英语课程思政与传承优秀文化相融合是学校思想建设的组成部分。语言与文化密不可分，语言是文化的表达形式，文化是语言表达的思想内容。大学英语课程既是语言知识教学，也是多种文化思想的传授活动。教师应精心设计教学方案，把培养学生热爱祖国、服务人民、奉献社会作为语言教学的前提，注重洋为中用、古为今用的工作思路，介绍励志的世界名人故事、名言名录，使大学英语课堂成为传承优秀文化和思想道德教育的重要场所。

另外，大学英语课程思政与传承优秀文化相融合符合大学英语课程建设的形势要求。在不同历史时期，大学英语教学有着不同的发展机遇。面对学生英语基础普遍提高的现状，英语教师不能故步自封，需要深化课程教学改革，探索教学项目，转变以往灌输式教学方式，提高师生的参与度，使更多的人愿意参加大学英语课程内涵建设，为大学英语可持续发展注入新的活力。

（二）大学英语课程思政与传统优秀文化融合的相应内容

由于大学英语课程思政与传承优秀文化相融合涉及社会的方方面面，教师很难在有限的时间内教授与之相关的所有教学内容。因此，应围绕宣传中华优秀传统文化、凝聚社会正能量、培育合格接班人的工作主线，在某些方面有所突破，有所收获。

1. 精心设计，合力营造立德树人的教学氛围

大学教师必须将立德树人、培养合格人才作为首要职责，使之入脑、入心、入课堂。教师课前应精心准备，预先增加有关课程思政与传承优秀文化相融合的教学素材。课中结合单词、词组、句子、段落、篇章等不同的语料，在听、说、读、写、译的训练环节，有机加入英语与思想政治、传统文化相融合的教学内容。例如，教 government 或 government officials 时，教师可准备有关公务员报考的相应素材，向学生介绍中国古代知名官员为后人树立榜样的佳句，如“先天下之忧而忧，后天下之乐而乐”“为官一任，造福一方”。同时，教师可以讲述我国党和政

府在新时代“以人民为中心”的治国理政方略，在精准扶贫和防疫等方面取得举世瞩目的伟大胜利，在心中学生播下为人民服务的火种。

除了发挥个体作用外，教师还要发挥集体的协作力量。外语教研室需设法增加集体备课研讨、观摩学习的时间，统一全体成员对课程思政与传承优秀文化相融合的思想认识，合力营造课程思政与传承优秀文化有机融合的教学环境。鼓励教师自主分析、对比不同教学方案的优缺点，好中选优，提高课程思政与传承优秀文化融合的教学效果。

2. 变输入为输出，讲好中国故事，传播中国文化

20 世纪七八十年代，国内许多大学主要依赖输入国外英语教材的方式，如引进《新概念英语》等，帮助学生提高英语学习能力。

随着我国社会经济事业迅猛发展，教育科学技术水平大幅提高，一些领域从以往的跟跑、追跑，已经进入到了领跑的时代。大学英语是文化交流的有效载体，必须与时俱进，在适当利用国外优秀教学资源的同时，加大输出的力度。新的外语教材必须有越来越多的篇幅专注讲好中国文明发展故事，包括古代四大发明、现代 5G 技术、防疫成果、“双奥”城市等内容。教师可结合新闻报道，适时补充新材料，引导学生学会向世界讲述中国好传统、新故事和新成果。如选编 Chinese astronauts organize traditional Spring Festival celebration in space. 介绍中国宇航员在太空过春节的内容，使学生学会用英语讲述中国春节的文化传统、中国航空航天事业新成果和中华民族飞天梦想等。一点一滴的输出，从量变到质变，逐渐汇聚成传承民族优秀传统的正能量，这可以有效培育学生的民族自豪感和爱国主义思想情怀。

3. 引导学生客观分析中外优秀传统文化的共性特点

引导学生客观分析中外优秀传统文化的共性特点，全面理解优秀民族文化的世界属性。中华民族历史悠久，中华传统文化博大精深。在数千年历史发展中，我国涌现出许多有影响力的政治家、哲学家、军事家、教育家、医学专家等，对世界文明作出了巨大贡献。如，孔子主张因材施教，重视学生个性发展，积极宣传仁义道德和博爱思想，全世界建有数以百计的孔子学院，向世人传播孔子的仁爱哲学；中华民族在军事理论等方面人才辈出，古代有孙子兵法，近现代有毛泽东的游击战术等。

民族的也是世界的。中华优秀传统文化为中华民族服务，也为世界其他民族服务，在服务的过程中相互影响，形成一些共同特点，主要包括凝聚正能量，倡导公平正义的社会公德、精益求精的职业道德、勤俭节约的家庭美德和谦逊友善的个人品德等。教师可引导学生自主分析中华民族优秀传统文化与其他国家优秀传统文化的共性特点，自觉培育良好的社会公德、职业道德、家庭美德和个人品德。例如，阅读“KFC in China ”时，讲解外企文化注重产品质量、服务水平和食品卫生“Quality，service and cleanliness represent the most critical factors to KFC's global success.”介绍中国自古以来倡导“老少无欺”“买卖公平”“顾客至上”等企业文化内涵，引导学生正确理解优秀传统文化所体现的世界属性。

（三）探索大学英语课程思政与传统优秀文化融合的实践活动

大学英语课程思政与传承优秀文化相融合，是需要师生长期协作的教学实践工程。实践出真知，教师要积极探索，不断增强课程思政的说服力和优秀传统文化的影响力。

1. 利用项目教学，引领学生主动参与

英语课堂不断丰富课程思政育人载体，运用“项目教学”“翻转课堂”“混合式教学”等教学模式，加强自主学习，践行线上线下多空间“共思政”和课内课外各时段“同育人”的教育理念。信息收集、方案设计、项目实施，教师可以放手让学生负责，通过学生的主动探索，提高育人效果。如，鼓励学生课后利用网络资源结合单元主题搜索特定思政资源，通过分享交流，调动积极性，逐步形成学生善于宣讲、乐于分享的思政英语学习氛围。

2. 拓宽思政英语教学时空，积累社会知识

我们可以增加英语课程实践课，带领学生亲临当地纪念馆、红色教育基地等社会大课堂，通过沉浸式体验，学习翻译思政资源文献，并通过红色游学线路，探寻红色事迹；也可以运用“互联网 +”技术，进行远程互动，邀请专家学者、劳动模范、红色故事亲历者等引领学生提升精神面貌，引导学生学习行业榜样和工匠精神，提升职业素养，让积极进取的精神在学生的思想中真正活起来。

3. 借助社会实践经历，升华人生境界

教师可以鼓励学生参加各类志愿服务工作，并用英文撰写志愿活动经历和感受，通过开展主题演讲活动，分享志愿实践经历，使学生在英文写作和口语表达

能力得到提升的同时，也在社会实践中体悟到自身的责任和义务，从而实现人生价值。

九、挖掘大学英语课程显隐性思政元素

下面以《综合英语（第一册）》第二版为例，从显性和隐性两个层面对教材中所体现的课程思政理念进行探讨。

（一）显性层面

从显性角度来看，《综合英语（第一册）》第二版的课程思政理念主要体现在以下三个方面。

1. 全书的主题选择和内容布局

编写者在确定全书的单元主题后，通过语篇选择、内容布局和活动设计，将思政元素融入每个单元的内容中。从国家、社会和个人发展的角度，将国家认同感、民族自信和自豪、全球视野、人文情怀、科学精神、良好品格、时代精神、实践创新等思政元素，安排于各个单元之中，每个单元各有侧重，让思政元素在学生的英语学习中发挥“润物细无声”的作用。

2. 单元的整体框架设计

单元的整体框架设计应该充分体现以学生为中心的理念，通常由“Navigation → Exploration-Consolidation → Application → Extension”这五个环环相扣、逐步递进的部分构成。学生在该单元体系的引导下进行学习，能很好地培养学生学习的主观能动性，提高其发现问题、分析问题和解决问题的能力，以及勇于探究的精神和批判性思维能力。批判性思维作为人类三种主要思维模式之一，其核心在于批判，而批判首先是一种价值取向、一种态度表达，然后才是一种能力。因此，编写外语专业教材时，编写者首先应该通过阅读材料的选择和问题的设计，培养学生的批判态度与价值取向，进而使学生获得并发展理解、分析、判断、解释等基本能力。除此之外，我们还应培养学生发现、感知、欣赏、评价语言美的意识和能力，以及合作学习和终身学习的意识和能力。

3. 针对性的板块设计

为了在学习过程中能对学生进行直接有效的思政教育，培养他们的人文素养、

价值取向、国际视野、文化自信乃至人类命运共同体意识，教材进行了有针对性的设计，让课程思政能更好地落实到学生的学习过程中，例如：

（1）Exploration 部分的"Thinking creatively"板块，设计的侧重点是围绕单元主题，凸显课程思政要素。创造性思维可以定义为发现问题、进行猜测、提出新想法并传达结果的能力。正如达菲（Duffy）所建议的那样，创造性思维包括以下能力：以新颖的方式看待事物，从经验中学习并将其与新情况联系起来的能力；以非常规和独特的方式进行思考的能力；使用非传统的方法来解决问题的能力；创造出独特而原始东西的能力。早已有研究证明，思维能力与语言发展，尤其是阅读与写作能力的发展密切相关。学生在阅读理解了语篇的基本事实和细节后，需进行深度推理、综合归纳、大胆质疑并进行合理推断和客观评价。学生还需运用科学的思维方式认识事物、解决问题、规范行为。因此，该板块的设计，有助于培养学生敢于质疑和勇于提问的精神，提高学生积极思考、合理分析、有效辨别的思维能力，以及说服解释的语言表达能力。

（2）Consolidation 部分的"Text and the rhetoric"板块，重点聚焦语言中的常用修辞格。修辞是语言运用的一个重要方面，也是语言人文性的重要表现。在活动设计的引领下，在语篇理解的基础上，学生在识别、理解和运用不同修辞手段的过程中，感悟、发现和鉴赏英语语言的美和力量，从而提高审美的意识和能力，培养健康的审美价值取向。同时通过英汉不同修辞表现手段的对比，学生可以领悟不同语言所传承的文化的差异，进而提升自身的文化认同。

（3）Extension 部分的"Learning strategies"板块，在关注学生英语学习策略的基础上，还特别聚焦如何帮助学生掌握终身学习所需的自主学习策略。《综合英语（第一册）》第二版各单元都对学生自主学习策略培养进行了专门的活动设计。例如：如何正确使用字典、如何有效利用互联网、如何进行自我反思和评价、如何运用图像式思考辅助工具、如何做笔记、如何进行合作学习。其旨在培养学生终身学习的意识和能力，让学生学会在学习过程中，对自己的学习态度、方式、方法、进程等进行选择、评估与调控，从而学会学习并乐于学习，并逐步形成自己独特的学习方法。

（4）Extension 部分的"Learning to appreciate"板块，基于单元主题，精选中外名言名句或经典名篇的片段，把思政元素有机地融合在里面。作为人类独有的符号系统，语言是人类的思维工具，也是人类最重要的交际工具。在人类用语言交际的同时，语言也存储了人类的劳动和生活经验，记录着民族的历史，反映着民族的思维方式，透露出民族的文化心态。学习、理解并欣赏这些闪耀着中外名人人生智慧的名言和片段，能让学生从心灵深处得到启迪和教育，有效地帮助学生提高自己的道德素养。通过对不同文化中名言警句的学习和理解，学生不仅能增强社会责任感，拓展国际视野，增强人文底蕴，提高审美情趣，还能培养对中西文化关系的理性把握能力，并加深对中国文化优良传统的理解和认同。

（5）Extension 部分的“Learning to create”板块，力图通过多样的创新类活动设计，例如，访谈（Unit1），调查研究（Unit2，7，12），游戏设计（Unit3），写感谢信（Unit4），绘制人际关系图（Unit5），做文献研究（Unit6），基于诗歌编写童话故事（Unit8），举行班会（Unit9），参加演讲比赛（Unit10），制作幸福日历（Unit11）等，引导学生关注单元主题背后的价值取向，帮助学生基于已建构的语言知识和人文知识，通过自主、合作和探究等学习方式，综合运用语言技能，进行批判与评价、推理与论证、想象与创造，并在这个过程中，让学生学会解决问题，理性地表达自己的观点、情感和态度，体现自己正确的价值观和人生观。

（二）隐性层面

大学英语教材中的隐性课程思政元素主要体现在以下四个方面。

1. 增强文化自信，讲好中国故事

中华优秀传统文化是课程思政的重要内容。在教材编写时，编写者精心选择包含丰富文化信息的各种语篇，并基于语篇内容设计活动，培养学生的文化自信，引导学生充分肯定中华民族优秀的文化和悠久的历史文明，从而产生高度的认同感，并愿意积极参与到新时代中国文化和文明的创新发展中。以第 9 单元的课文语篇为例，该文章选自 MaritimeAsia（Volume 19，Number 2，Fall 2014，作者为研究东亚历史的专家）。教材编写者对原文进行了节选和改编，主要选取了原文中民族英雄郑和（明朝著名的航海家和外交家）七下西洋的史实性故事。改编后的语篇重点关注郑和七下西洋过程中的经济互通、思想交流，以及中国人民维护世界和平，建立有序和谐的世界共同体的思想。活动设计在关注阅读理解的基础上，强调让学生通过英语学习，整合中国历史和地理的学科知识；同时有机地把

思政元素和思政理念嵌入学生的学习过程中，通过在时间、目的和船队等方面与西方航海家哥伦布的航行进行对比，使学生充分了解和体会中国15世纪初叶在世界航海史上的这一空前壮举。在学习中学生民族自豪感会油然而生，学生可以增强对国家的认同感，坚定民族和文化自信。通过该单元的学习，学生在同步提高语言能力、人文素养、文化自信与跨文化能力的同时，也能学会客观地看待历史，理性地评价历史，并通过历史知识的学习，思考当前和未来；还能在了解中国早期海上“丝绸之路”的基础上，充分认识其历史意义和现实意义。第9单元的编写，为学生结合当代时事，更好地理解习近平总书记提出的“一带一路”倡议、讲好中国故事、诠释中国梦、传播中华民族的优秀文化奠定了基础。

2. 提高人文素养和道德素养

该教材注重对学生人文素养和道德素养的培养，注重对学生心灵的启迪和与灵魂的陶冶。通过问题和活动设计，引导学生追求崇高的理想和养成优秀的道德情操，向往并自觉塑造健全完美的人格，实践严谨和务实的科学精神，崇尚真、善、美，从而达到课程思政的目的。我们以教材中Application部分中的“Retelling and talking”和“Writing”板块为例。表面看，这只是两个训练：学生基于输入，进行口头和笔头的输出。但教材的活动设计，在关注学生能整合输入并运用策略进行输出的同时，把思政理念巧妙地融入了其中。例如，第4单元中的talking部分要求学生：Tell your group members what your personality is like. Then ask them for some advices to improve your personality in order to become more suecessful.“Writing”环节要求学生“write a self-analysis on your own character”，引导学生正确地认识自我，关注自身的心灵改造和人格建塑，培养学生积极进取的奋斗精神、勇于挑战的创新意识、灵活的适应能力、坚忍乐观的抗挫折精神、善于与人相处的宽容个性。使自己成为不仅有知识、有能力而且有较高人格素养的人，为自己在未来的生活中适应激烈的社会竞争、经受困难和挫折的考验做好充分的准备。

3. 形成正确的价值取向

在教材编写时，编写者力求在每个单元中，通过选材和活动设计，把社会主义核心价值观融入其中，以帮助学生形成正确的价值取向。例如：第1单元的阅读课文（The Dog Ate My Disk，and Other Tales of Woe）中，作者（一位美国的大学教授）罗列了学生不按时完成作业的种种借口，语篇诙谐幽默，发人深省。学生在阅读活动的引领下，在反讽中思考诚信的可贵、规则的重要性，并尝试在学习和生活中积极践行。首先，该单元 Application 部分的“Retelling and talking”板块设计，旨在让学生通过比较和辩证思考，明白公平、诚信、平等和法治的真正含义（Read the rigid homework policy adopted by many American schools and colleges and find out what American values may underlie such policy.Then work in groups to share your findings.）；其次，Extension 部分的“Group work”板块设计，让学生通过与小组成员积极协作和有效互动，把这些正确的价值取向践行到自己的大学学习和生活中（Write down your problems of coping with college life and then ask for tips from your group members on solving these problems.）；最后，Extension 部分的“Learning to create”板块，安排了学生采访学长，使其能进一步拓展积极度过大学生活的有效方法，完善自己的价值取向（Interview two or more senior students in your college to find out the secret of getting through college.Present your findings in class，namely the most helpful or important tips on coping with college life during the freshman year.）。

4. 培养思辨能力、探究能力和创新能力

思辨能力与分析能力、探究能力紧密结合。《综合英语（第一册）》第二版的教学设计也重点关注了学生这些能力的培养。除在每个单元设定固定的板块“Thinking Creatively”“Learning to explore”“Learning to create”等进行显性的能力培养外，还把学生能力的培养落实到整个单元的学习过程中。例如：在 Exploration 部分，阅读前学生需通过自主或与同伴合作，探索与单元主题相关的信息，进行预测预判；阅读后，每个单元的“Extracting and organizing information”板块，都需要学生在“Graphic organizer”的引导下，对语篇中的重要信息进行分析、归纳、总结和梳理，并对作者的写作态度、写作风格和写作目的进行推断和归纳。Consolidation 部分也不再是单纯要求学生对所学的语言知识进行巩固。例如：其中的“Grammatical construction”板块不仅要求学生观察、发现、提取和运用常用的句型结构，而且针对常见的语法现象，要求学生通过感知、分析、理解、归纳、运用，对相关语法规则进行巩固学习。在“Text and rhetoric”板块中，学生也需在所给示例的引导下，通过分析和理解，了解常见的修辞手法并加以运用。Extension 部分的板块搭建：Learning to explore → Learning to appreciate → Learning to create，这为学生积极地自主学习和合作学习，培养自主学习能力、思辨能力、探究能力和创新能力搭建了一个良好的平台。

第三节　高等院校英语课程思政教学评价改革

一、制订评价标准

课堂教学评价必须基于一定的标准才能实行，课程思政理念下课堂教学评价的内容是课程思政，以特定评价体系为基础，针对课程思政在教学过程中落地情况进行评测。评价主体需要树立客观的评价原则，评价过程要认真负责，确保公平公正；评价方式应根据不同专业基础课的特点，选择不同的评价方式。课程设计评价工作的开展应随时间不断革新，开展课程思政的目的是培养高素质技能型人才，因此评价设计应根据学生在学习过程中的困惑和问题进行调整。同时，课堂教学评价的设计要全面，需要将思政元素评价分层次，从低级到高级一一查验学生通过课堂教学达到了何种层次；也需要对英语课开展评价工作，其间应将专业知识、素养、能力等多个层面进行有效涵盖，从不同角度设计不同的评价标准，通过师生互评得出评价结果。通过实践研究，我们从教师和学生两个角度进行课堂教学评价设计。教师应基于学生学习中的表现，侧重采取描述性评价，从不同维度对学生的表现进行记录、描述，以准确反映学生变化。此外，小组讨论记录、小作业、发言记录都可以作为评价依据。此外，我们可以适度采用终结性评价，以反映学生发展的阶段性成果。师生结合课程所撰写的论文、调查或研究报告，都可以作为评价依据。这种评价可以与学生自己的预期、教师课程设计的预期相结合，不仅能反映学生真实水平，同时也能作为教师教学反思的重要依据。

二、注重对学生的考核

大学英语课程思政的教学效果如何依赖于学生的学习情况。课程思政作为一种新型的教学理念，用于培养高素质的技术人才，在高等教育中得到了广泛的认可。因此，评价中对学生的考核尤为重要。学生自我评价对他们的成长和发展非常重要。因此学生在评价活动中应遵循相对共性的流程，首先，要确定自己的评价目标，可结合教师的教学目标来设定；其次，要制订相应的标准，作为参照和依据，接着通过有效的信息反馈，及时调节自身现状和标准之间的距离；最后，通过自我矫正来完善自己、发展自己。外部对学生的评价，可通过评价反馈为学生指出正确、合理的发展途径。任课教师可通过课程考核和课堂观察评价学生获得专业知识和专业素养的情况；家长可根据日常生活对学生的自主学习情况、行为习惯等方面进行评价反馈。只有两种评价方式共同进行，才能保证更加全面地了解学生通过课程思政在英语课程中的运用而获得的思想道德方面的进步。

三、创新测试形式

测试是语言教学中不可分割的环节，是检验教学效果和提高教学质量的重要手段之一，对教师和学生都会产生一定的影响。科学有效的测试必定对教学起到正面的反拨作用，使测试真正服务于教学。大学英语教师应综合运用各种测试方法与手段，把形成性测试与终结性测试有机结合，使测试真正发挥其积极作用。本书这里重点探索如何利用各种在线测试平台进行形成性测试。

（一）知识点测试

知识点测试可以通过句型测试、短句翻译、连词成句等，以随机出题、弹幕等形式进行，我们可以利用云班课和 U 校园平台进行测试，目的在于快速测试学生的知识掌握情况。

（二）语言综合运用能力测试

听力理解能力测试和口语测试等听说能力的测试，可以利用 WE-Learn 和 FiF 口语训练平台进行，也可以让学生自己录制视频，本人出镜，内容可以是段落朗读、个人陈述，也可以是双人对话，或者是小组辩论。段落朗读要求学生停顿恰当，语音语调正确，朗读流利，正确运用朗读技巧；个人陈述和对话，以及辩论等形式的视频录制，要求学生在规定的时间内用英语就熟悉的主题进行口头陈述或者讨论，要求语法、词汇基本正确，表达形式多样，语音语调正确。学生提交的视频可以在 QQ 群或云班课进行展示，采用学生自评、生生互评、教师点评等方式进行评价，选出最好的作品，教师予以表扬奖励。这些形式的测试旨在测试学生的听力理解能力和口头表达能力，以此督促学生加强听说训练。学生可以根据自己的测试成绩，及时发现问题，找到解决问题的方法，迅速调整跟进，从而实现以测促学的目的。

（三）以问答形式进行测试

以问答形式进行测试即设计一定数量的开放性问题，这些问题可以是学生对知识点的理解，也可以是学习方法的交流等。让学生通过微信群或云班课提交答案，班级同学可以互相观看其他同学的答案，然后对比自己的答案，进行讨论，最后教师及时点评，引导学生进行更深层次的讨论与思考。

对于各种形式的测试结果，教师要及时准确地给予表扬性评价，挖掘每位学生的闪光点，以此调动学生的积极性，激发学生的学习热情，使评价真正发挥其激励作用。同时教师要针对测试结果进行教学反思，及时调整教学活动，从而实现以测促教的良好效果。

参考文献

[1] 谢瑜，杨成，景星维，等 . 思政课程与课程思政融合的教学研究 [M]. 成都：西南交通大学出版社，2021.

[2] 浙江师范大学本科教学部 . 浙江师范大学优秀课程思政微课作品选集 [M]. 重庆：重庆大学电子音像出版社，2020.

[3] 崔岚 . 高校思政课程建设与大学生人文精神培养 [M]. 北京：北京工业大学出版社，2020.

[4] 袁滢 . 道德与法治课程与教学 [M]. 长沙：湖南大学出版社，2020.

[5] 刘莉莉 . 课程思政研究与改革实践 [M]. 北京：北京航空航天大学出版社，2022.

[6] 文旭，徐天虹 . 外语教育中的课程思政探索 [M]. 重庆：西南师范大学出版社，2021.

[7] 周杰，龙汶 . 外语教育与课程思政 [M]. 贵阳：贵州大学出版社，2022.

[8] 文旭；唐瑞梁 . 新时代外语教育课程思政案例教程 [M]. 北京：中国人民大学出版社，2022.

[9] 阚雅玲名师工作室 . 课程思政探索与实践 [M]. 广州：广东高等教育出版社，2021.

[10] 龚晴川 . 思想政治教育专业英语 [M]. 武汉：武汉大学出版社，2004.

[11] 黎曼曼 . 大学英语 “课程思政” 实施的困境与对策研究 [D]. 长沙：湖南农业大学，2021.

[12] 阮灵杰 . 大学英语课程思政调查研究 [D]. 武汉：湖北工业大学，2021.

[13] 宋金艳 . 高校公共英语课程思政研究 [D]. 武汉：武汉轻工大学，2021.

[14] 杨露 . “课程思政” 在大学公共英语教学中的运用研究 [D]. 重庆：重庆师范大学，2020.

[15] 李慧 .《大学生心理健康教育》课程思政途径研究 [D]. 桂林：广西师范大学，2023.
[16] 张秀秀 . 英语专业翻译课程思政建设研究 [D]. 大庆：东北石油大学，2023.
[17] 张丽娟 . 高校课程思政建设研究 [D]. 兰州：兰州交通大学，2022.
[18] 宋金艳 . 高校公共英语课程思政研究 [D]. 武汉：武汉轻工大学，2021.
[19] 郝璞琦 . 思想政治理论课课堂学与教应用模式研究 [D]. 北京：北方工业大学，2020.
[20] 龚俊辉 . 高校体育专业舞龙舞狮课程思政开展现状与优化路径研究 [D]. 桂林：广西师范大学，2023.
[21] 王华兰 . 思政课程在大学英语词汇教学中的实践研究 [J]. 佳木斯职业学院学报，2023，39（06）：79-81.
[22] 封宇 . 课程思政背景下外语听力教学改革的实证研究 [J]. 牡丹江教育学院学报，2023（05）：69-72.
[23] 崔英杰 . 课程评价体系构建中的思政融合——以民族预科英语为例 [J]. 海外英语，2023（10）：7-9.
[24] 刘晶晶 . 基于课程思政的高职公共英语教学改革策略研究 [J]. 海外英语，2023（10）：206-209.
[25] 吴修玲，黄大鹏 . 课程思政视域下医学英语教学与民族自信培养 [J]. 英语教师，2023，23（10）：112-114+121.
[26] 殷珂，吴铁军 . 人文教育视域下我国英语教学文化解析范式之重构 [J]. 现代英语，2023（09）：60-63.
[27] 万文君 . 母语文化认同视角下高职英语课程思政的理据及路径探索 [J]. 产业与科技论坛，2023，22（09）：131-132.
[28] 董翠茹 . 新文科建设背景下大学英语“滴灌”式课程思政研究 [J]. 佳木斯职业学院学报，2023，39（05）：79-81.
[29] 蒋方圆，吴昊，南潮 . 符号学视阈下英语专业课程思政的理论与实践研究 [J]. 湖北师范大学学报（哲学社会科学版），2023，43（03）：98-105.
[30] 李辉雄 . 高职大学英语课程思政内涵与实践探究 [J]. 现代职业教育，2023（23）：177-180.